P253◆ガンジス河に昇る朝日

ガンジス河でバタフライ

たかのてるこ

P235◆だだっ広い荒野で、突然止まってしまった乗合バス

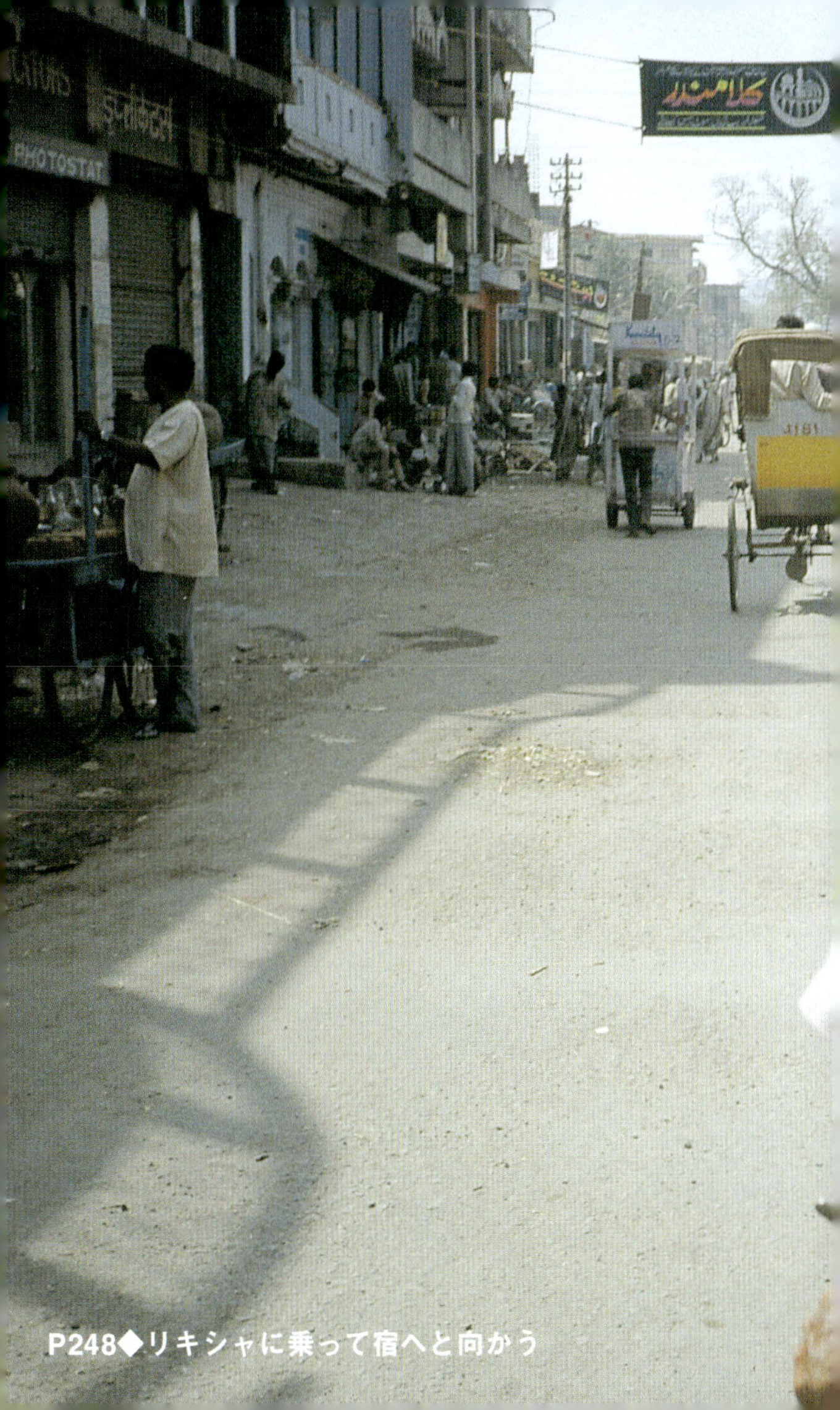

P248◆リキシャに乗って宿へと向かう

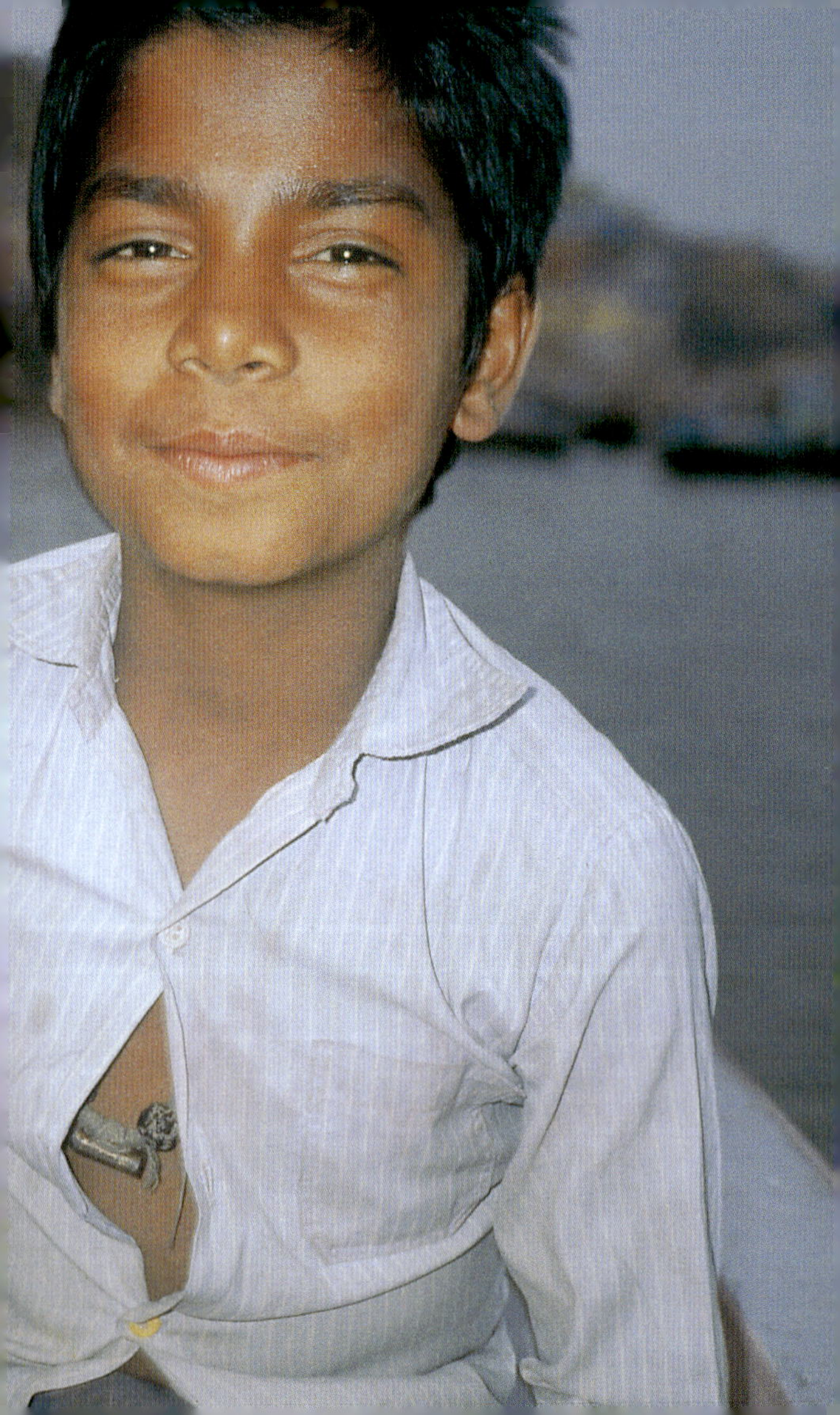

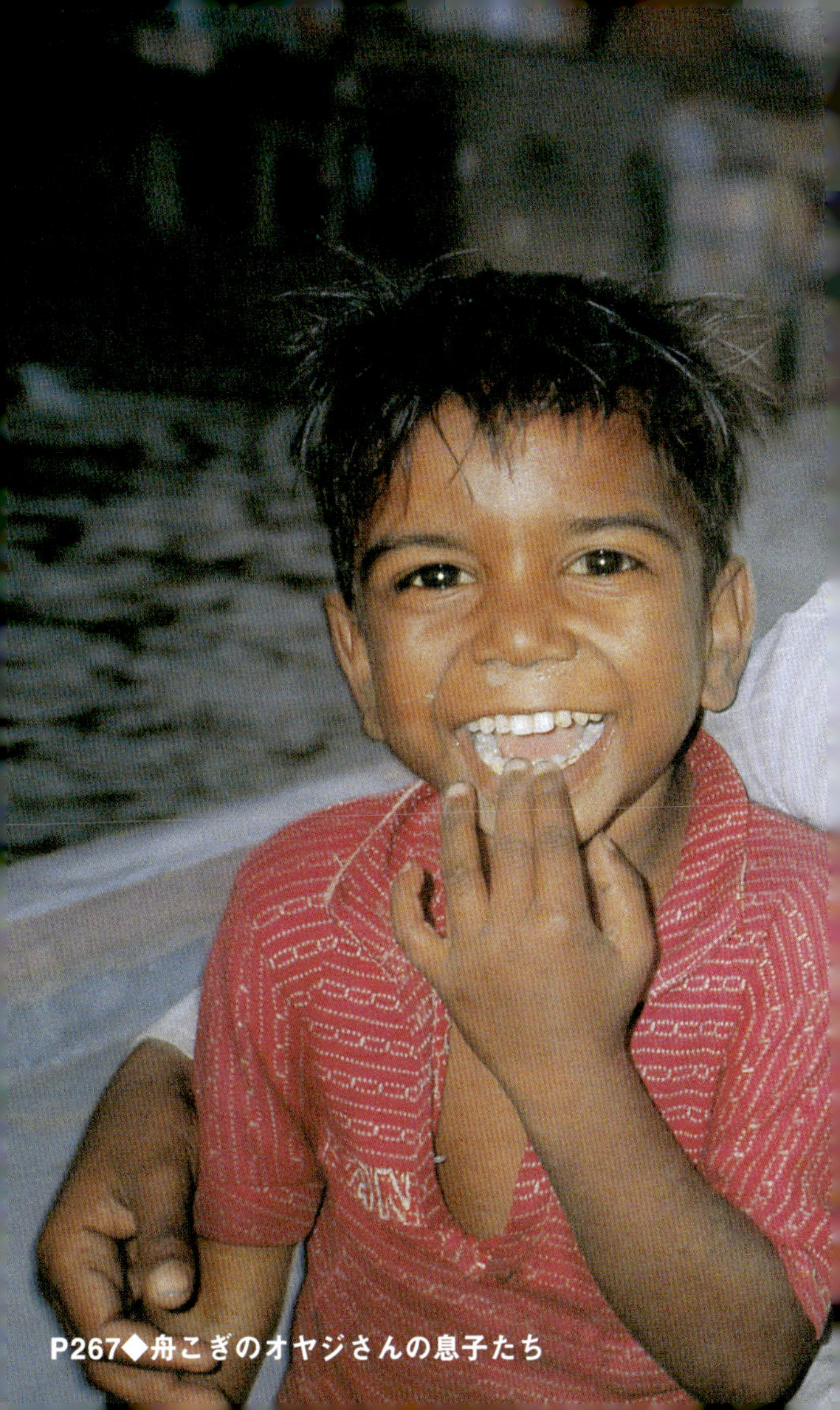

P267◆舟こぎのオヤジさんの息子たち

◆牛の沐浴

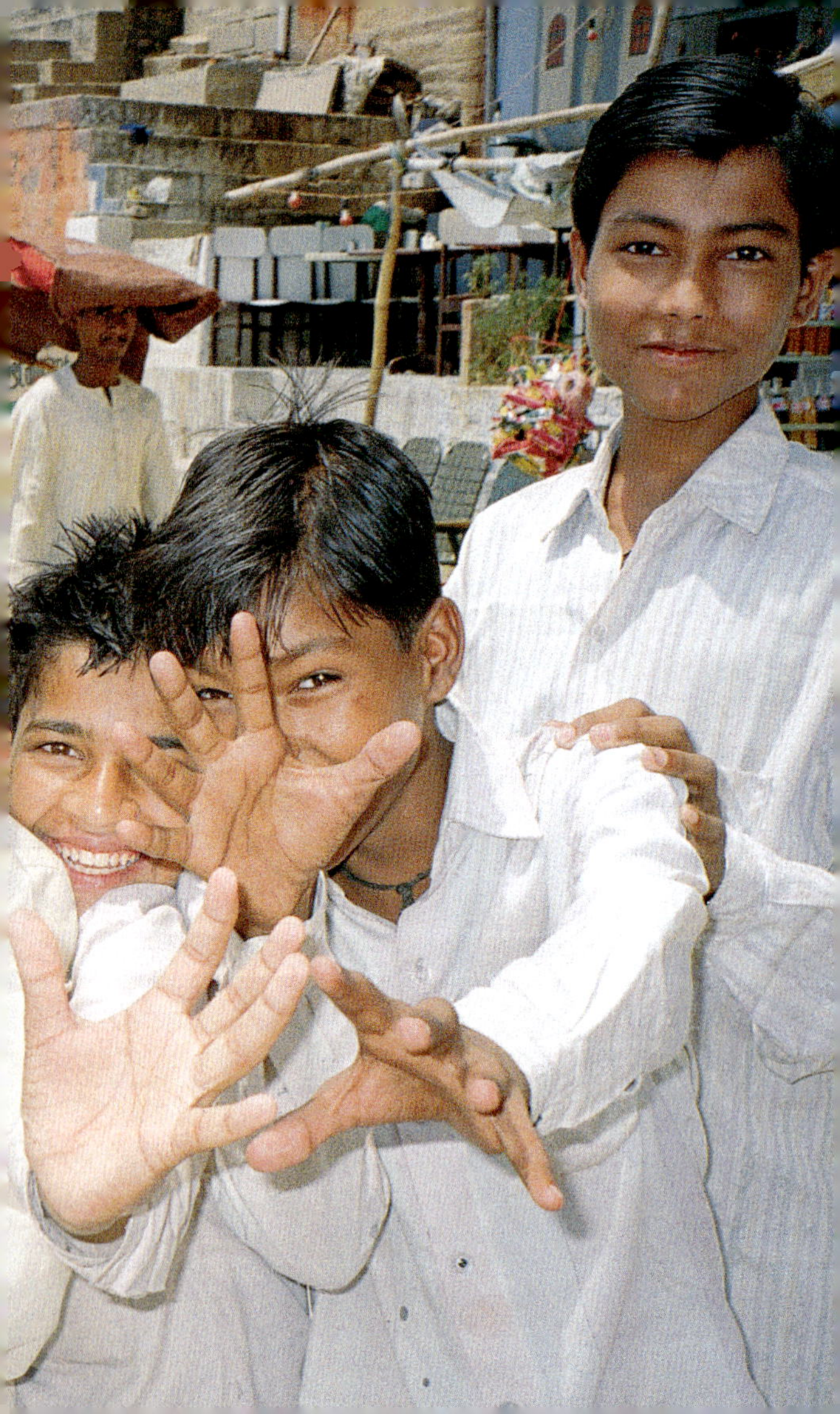

◆「アチョー!!」のポーズで大ハシャギ

323◆慈愛に満ちたインド・マザー

ガンジス河でバタフライ

たかのてるこ

幻冬舎文庫

はじめに

旅は、恋に似ていると思う。

20歳のとき初めて海外へのひとり旅に出て、私は旅に恋してしまったのだ。この世にこんなにも痛快で、スリルと期待に満ちた、最高のエンターテイメントがあっただなんて！　なんというか、もうハートをワシづかみにされたような気分だった。以来、働くようになってからも、一年に一度、2週間休みを取って旅に出ているうちに、今まで旅した国は世界25か国になっていた。

私の場合、旅立ちはいつも唐突だ。「あ、休みが取れる！」と思った途端、旅行代理店へと向かい、とにかく一番早く出発できる格安航空券をゲットする。どこに行くかを決めていることもあれば、空いている飛行機の便で行き先を決めてしまうこともある。いずれにせよ、スケジュールは一切、立てない。これから行く国に『危険地域』があるかどうかだけを確認すると、とりあえず飛行機に飛び乗ってしまう。その方が、想像もつかない出会いに満ちた、エキサイティングな旅になるからだ。

そう、出会い！　私の旅では、出会いがすべてだ。どんな人に出会えるかによって、旅先がおのずと決まっていく。夜行列車で知り合った家族の家に泊まらせてもらうこともあれば、土産物屋《みやげもの》のおっちゃんの巧みな営業トークをかわしているうちに向こうが根負けし、仲良くなって家に夕食をお呼ばれすることもある。自分から「泊めてほしい」などと頼んだことはないのだが、なぜか私の旅は、出会った人の家を泊まり歩くという、行き当たりばったりの旅になってしまうのだ。

自分の旅のスタイルを人に話すと、「えぇー!?　ひとり旅で、よく『知らない人』についていったりできるねぇ！」と驚かれるけれど、もちろん私は、誰彼構わず知らない人にホイホイついていってるワケではない。現地の人の家にお邪魔するまでには、お互いの家族のことから宗教観まで、身ぶり手ぶりを使ってたくさん話をしているし、仲良くなった時点で、もうすでにその人は『知らない人』ではなくなっている。やっていることは大胆でも、私は自分ほど気の小さい人間はいないと思うくらい、ムチャクチャ心配性な人間なのだ。

「なんでまたひとりで旅するの?」ともよく聞かれるけど、それはひとり旅の方が安全だと思うからだ。例えばふたりで行動していると、人に声をかけられても、つい「きっとこの人、いい人だよー」「ウン、いい人そうだもんねー」なんていうふうに、不安や恐怖をふたりで半分に分かち合ってしまうから、人を見る目や判断力が鈍る気がする。

私はまだ本当の本当の本当には、旅先で危険な目に遭ったことがない。要は日本にいるときと同じで、道を歩いていてミョ〜になれなれしく声をかけてくる人は、何らかの下心があることが多いし、同じ声をかけてくるにしても、本当の『良い人』には堂々とした誇りが感じられるものだ。

そうは言っても、旅に出る前日は恐ろしさのあまり一睡もできなくなってしまう。なんせ私は小心者だし、英語もロクにできないうえ、極度の方向オンチ。そのうえ、毎回違う国にばかり行くものだから、旅に慣れるということがない。「そんなに怖いなら行かなきゃいいじゃん！」と自分でも思うのだが、旅立つと決めた瞬間から始まる、あのドキドキ・ワクワク感がたまらないのだ。

よく人が「病気になって初めて、健康や家族の有難みが分かった」なんて言うけれど、その気持ちにちょっと似ているかもしれない。旅立つ前、私は準備もそこそこに友だちに電話をかけまくり、「今まで仲良くしてくれて、ホンマにありがとぉー!!」などとのたまって、毎度、毎度、大騒ぎする。友人に別れを告げ、海外旅行保険に加入すると、自分の「死」を意識することになり、生きていることへの感謝がもりもりと湧《わ》き上がってくるのだ。大病をしたこともなければ、大事故に遭ったこともない私にとって、旅は『自分が生きている』ことをリアルに実感できる、極上のカンフル剤なのかもしれない。

そんなこんなで旅先では、普段よりもちょっと緊張していて、ちょっと興奮状態にあるから、いろんな感覚が鋭敏になる。全身の毛穴という毛穴が全開になり、鈍っていた五感が再生されていくような快感、とでも言えばいいだろうか。

とにかく、何をどう選ぶかによって、どんな人に出会えるのかがまったく違ってくる。東に向かおうか、南に行ってみるか。長距離バスに乗るか、夜行列車に揺られてみるか。のんびりできるホテルでゆっくりするか、それとも安宿で旅行者たちから情報収集といくか。

全部、自分で判断して決めているうちに、自分の人生は自分でクリエイトしていたのだという感覚がよみがえってくる。自分以外のすべてを置き去りにする旅では、否が応でも、自分自身と向き合わされてしまう。だからこそ、日常に麻痺《まひ》して自分を見失いそうになったとき、私はひとり旅に出ずにはいられなくなるのだ。

私が人に旅をオススメする最大の理由は、ひとり旅に出たことで、「自分自身を受け入れられるようになったから」に尽きます。旅に出るまでの私は、自分というものに自信が持てず、人と自分を比べてばかりいて、どうにもこうにも情けない人間だったのです。

この本は、私の初めてのひとり旅と、その次に行ったインドの旅について書きました。読み終えた人が、旅に出たくてウズウズしてくることを祈りつつ……。なんせこんなに気の小さかった私も、旅立つことができたんですから！

ガンジス河でバタフライ

2nd TRAVEL インド編

本文中の表記について

●本文中の地名は、旅行者の間で一般的に使われている発音をもとに表記してあります。
●通貨レートは1991〜1992年当時のものです。
●本文中の会話部分は、紙数の都合上、実際のやりとりから大幅に省略・整理されています。
筆者の英語力が高いと誤解されないよう、お願いします。

本文デザイン●神崎夢現
写真●鈴木昭彦（カバー・298・299頁）
撮影●高橋利行（扉）
右記は、『恋する旅人〜さすらいのOLインド編〜』（TBSにて放送）の映像素材より抜粋したものです。
写真●たかのてるこ
口絵／75・143・161・177・189・228〜229・251・255・262〜263・268〜269・287・291・295頁

ASIA

1st TRAVEL
アジア編

JAPAN
CHINA
HONGKONG
MACAO
MALAYSIA
SINGAPORE

ひとり、旅立つまで

私が旅人になったワケ

いつも私は、今の自分がホントの自分ではないと思っていた。自分はこれだけの人間じゃない、今とは違う自分に、いつかはなれるはずだと。

そう、私は「スゴい人」になりたかったのだ。人によって何をスゴいと思うかは違うだろうけど、私にとって一番カッコよく思えたのは、「世界を股にかけて旅をする人」になることだった。世界を旅するようにさえなれば、私は小心者の自分とオサラバすることができ、ビッグな人間になれるに違いないと思っていたのだ。

旅への憧れを抱くようになったキッカケは、6歳年上の上の兄だった。兄は元々、やることなすことが強烈でカリスマ性がある人だったのだが、その兄が大学に入ってから海外をひとりで放浪するようになったのだ。

兄は旅から帰ってくるたびに、人間的に大きくなっていく気がした。「自由」「ワールドワイド」「大胆不敵」「強靱な精神の持ち主」といった形容詞の似合う兄は、我が兄ながらカッコよかった。私はいつしかそんな兄の姿に触発され、自分も高校を卒業したら、絶対に海外をひとりで旅しようと思うようになったのだ。

なのに、私は上京して大学に行くようになっても、いっこうに旅立とうとはしなかった。英語もロクにできないし、おまけに極度の方向オンチの私には、やっぱりひとり旅なんて無理だと思えてきたからだ。意気地なしの自分が、ホトホト情けなかった。——あぁ、今日だって旅立てたはずなのに。ありったけの金をかき集めて成田まで行って、空いている飛行機に飛び乗ってしまえばよかったのに！

私は何度も旅立つ決意をしたのだが、いざ航空券を買うとなると、急に怖くなってきてヘナヘナと怖じ気づいてしまうのだった。なんといっても私は、自分でもあきれるほど、気の大きいときと気の小さいときの落差が激しい人間なのだ。

私は幼稚園の頃から教育ママ風のダサい赤縁メガネをかけていたせいで、あだ名が常に「メガネザル」だった。いわゆる典型的なイジメられっ子タイプの子どもだ。

そんな私が小学2年生のある日のこと。給食の時間、ドリフの話題になったとき、私はなぜかフッと志村けんが乗り移ったような気持ちになり、気がつくとモノマネをやってしまっていた。すると、クラスのみんなが牛乳を吹き出して大笑いし始めたではないか。クラス中がヒーヒー笑い転げている光景を見て、私は興奮してしまった。全然目立たなかった私が、スポットライトを浴びることができただなんて！

さらに驚いたことに、私が「面白い人」になった途端、イジメっ子たちにイジメられることもなくなっていった。次第に私は〝牛乳吹かせのテル〟として、みんなから一目置かれるようにさえなったのだ。

お調子者のキャラクターになった私は、はた目には心臓に毛でも生えていそうなタイプに見られていたと思う。でも、元々の小心な性格が、そんなに簡単に直るわけがなかったのだ。例えば、私は言いたいことをズバズバ言ったりするわりには、後で「あぁ、あんなこと言わなきゃよかった……」などと思って、何日も何日もクヨクヨと後悔していたし、なんとなく友だちに素っ気なくされた気がすると、途端に「私のことで何か怒ってるのかな……」と、もう気になって気になって、夜もなかなか寝つけなかった。

浪速《なにわ》のゴッドねえちゃん風のキャラクターと、肝っ玉の小さい本来の性格とのギャップは、年を取るにつれて一層大きくなっていった。

だが私は、どんなにブルーなときでも、常に明るく振る舞うように心がけていた。なのに落ち込んでいるときに限って、「悩みがない人はええな！」「よっ、一家に1台！」などと言われてしまい、私はますます落ち込んでしまうのだ。

本当の自分のことなんて、誰にも分かってもらえないような気がした。そのくせエエカッコしいだったから、自分の感情をさらけ出す勇気がなく、友だちに弱音を吐くこともできなかった。人に嫌われるのが怖くて、人に笑ってもらわないことには不安で、私はいつも人の目を気にしてばかりいた。私から「面白い」を取ったら、なんの取り柄もないような気がしたからだ。


旅立つ勇気がないまま、上京して2年が過ぎようという正月休みのこと。久しぶりに大阪の実家に帰ると、母は私の顔を見るなり唐突に言った。

「お母さんはなぁ、もう、今までのお母さんとは違うんや」

ハァ⁉ マジマジと母を見る。私とそっくりな顔で、相も変わらずすっとこどっこいなファッションのおかん。私には、何がどう今までと違うのか、さっぱり分からなかった。

「なんにも変わってへんやんか」

そう返すと、母はきっぱりと言い切ったのだ。

「お母さんはなぁ、実は、腹話術師になったんよ。コンビ名はなぁ『さくらとおばさん』っていうんや」

へ？　腹話術？　コンビ？　さくら？　気が動転して、言葉の意味がうまく飲み込めなかった。腹話術って、あの、人形持って口をパクパクするヤツ？

気がつくと、母はブサイクな人形をひざにのせていた。

「これが、相方のさくらちゃんや」

その人形にいとおしげに話しかけ、「ほら、ごあいさつはぁ？」なんて言ってるマヌケなおかん。目をパチパチさせて「コンニチハー」などと、カン高い声でコビを売ってくる世にも気色のワルい人形。

母はいけしゃあしゃあと言った。

「まぁあんたも、家族がひとり増えたくらいに思って」

って、思えるかい、こんなヤツ!!　なんてこった。

「なんでまた、こんなこと……」

「もうなぁ、上のお兄ちゃんも結婚して独り立ちしたやろ。下のお兄ちゃんもあんたも、東京でひとり暮らしや。3人の子どももやっと手が離れて、これからの人生は、自分の好きなことをやろうと思ってな」

「好きなことって、ふ、腹話術やったんか!?」

「初めは思いつきや。でも、結果的には向いてたんやろうなぁ」

しかし、思いつきで腹話術ってやりたくなるものか？　こないだまで、ホントに普通の専業主婦だったおかん。確かに昔からおもろいオバハンやなぁとは思っていたけれど、自分の母親がまさか腹話術師になる日が来るだなんて、私は夢にも思ってなかった。

「自分で台本も作ってるんや。これがまた、ドッカンドッカン受けるんよ。それにこの美貌《びぼう》やろう？　期待のニューフェースでな、〝腹話術界の花〟って言われてんのやでぇ」

たまげて開いた口がふさがらない。なにも、よりによって腹話術……。

「お父さんはこのこと知ってんの!?」

「そら知ったはるがな。ほら、見てみぃ」

営業用のショッキングピンク色の名刺には、『腹話術の出前致します。さくらとおばさん』と書かれてあり、連絡先は実家になっていた。おまけにそこには『マネージャー・高野昭吾』と、なんと父の名前が書いてあるではないか。父はまだ、現役のサラリーマンのはず。真面目で口ベタなおとんに、何さらすんじゃいこのオバハン!!

「お父さん、仕事は!?　辞めさせたんか!?」

「アホやなぁ。シャレや、シャレ。これやから冗談の通じへん人は困るわ。芸人としてマネージャーぐらいおらんと、カッコがつかへんやろ」

シャレって。さっきから居間のこたつで人ごとのように黙々と新聞を読んでいる父に向かって、私は叫んだ。

「パパ、さっきからパパのこと言うてんねんで!! お父さんの人生、これでええんか!?」

するとと父は「ん?」という顔でこっちを見て、

「べーつにぃ。お父さんは、なんでも構わへんよぉ」

と、ひと言。スゴい。娘にここまで言われても、まったく動じていない。心配した自分が、なんだかアホらしくなってしまった。母はしみじみと言う。

「まぁ、私は人に迷惑さえかけへんかったら、何をやってもええと思って生きてる人間や。あんたにも家族にも、迷惑はかけへん。私もこれからは好きにさせてもらうから、あんたも好きにおやり」

50歳を過ぎて新しい世界に飛び込むという、おかんの恐れの無さ。人間には「いつからならできて、いつからならできない」なんていう境界はないんだ。彼女は自分の容姿から才能まで、自分を信じて疑うことを知らない。誰か少しは止めてやれや、とも思ったが、まぁ本人が幸せなんだから、ほうっておくしかないだろう。

やりたいことをやっているのは、なにも母だけではなかった。私から見ると、まわりの友人たちもみな、自分の好きなことが分かっているように思えた。自主映画や芝居の制作に燃えている連中もいれば、スノーボードにハマっているアウトドア系の子たちもいた。なのに私の好きなことといえば、映画を見るとか音楽を聴くとか、自分がアクションを起こさなくても手に入る、受け身なものばかりなのだ。彼らのように「作ったものを人に見てもらう」とか「もっとスノボーが上手くなりたい」といった目標がない分、私は熱くなることもなければ、充実感を得ることもできずにいた。

たぶん私は「自分が今、生きている」という実感が欲しかったんだと思う。まわりに比べて自分だけ、いつもどこか冷めているような気がしていた。夢中になれるものを持っている人のことがうらやましく、かといって行動を起こすこともできない自分に、私はだんだんイラ立つようになってきた。50歳を過ぎたおかんだって、好きなことを見つけてよろしくやっているというのに、私ときたら旅に恋い焦がれつつも一度も出ずじまい。これでは旅が好きかどうかも分からんではないか！　もう旅に出るしかない。他に道はない。

20歳の夏、私はありったけの勇気を振り絞って、ようやくひとり旅に出る決意をした。旅立つと決めたのはいいが、さて、どこに行けばいいのやら。そうだ、香港はどうだろう。初めての旅にアジアは最適な気がするし、私は香港映画好きときてる。ジャッキー・チェンやユン・ピョウ、そしてチョウ・ユンファのいる香港！　彼らに会えなくても、彼らの生まれ育ったところに行ってみて、同じ空気をスーハー吸ってみたい。

私は早速、コンビニで『エイビーロード』を買い、香港行きの格安航空券を求めて電話をかけまくった。この決心が揺らぐ前にチケットを買って、取り返しのつかない状況に自分を追い込んでしまいたかったのだ。

数時間後。旅行代理店のカウンターで、私はこの期《ご》に及んでまだ迷っていた。一番安いチケットでも、東京と香港の往復チケットは5万3千円もするというのだ。

「あのー、この料金って、お安いんですよねぇ、やっぱし」

旅行代理店のねえちゃんに尋ねてみる。

「そうですね、ピークは過ぎてますし。あ、もし香港だけという点がご不満なのであれば、あと5千円の追加でシンガポールをお付けすることもできますけれど」

シンガポールぅ⁉ 香港に行くだけでもこんなに緊張しているというのに、シンガポールの追加って、そんな気軽に。やや、せっかく行くんだから、なんでも経験しておいた方がいいに決まってる。ええい、ままよ、もってけドロボー。

「そのシンガポール付きをください！ 出発は一番早い日で‼」

出発は3日後だった。興奮してきて、胸のドキドキが止まらない。私の心の中で、すでに旅が始まっているのが分かる。ああ、とうとう旅立つことになってしまったのだ。

小心者の旅立ち

チケットを買った瞬間から、私はもう生きた心地がしなかった。死んだらどうしよう、殺されたらどうしよう、なぜだか死への恐怖ばかりが募る。こんなにも自分の死を意識したのは、子どものとき「人はみんないつか死ぬ」ということを知って、眠れなくなって以来のことだった。

なんだか腹まで痛くなってきた。この痛みはひょっとしたら盲腸では？　と思ったのだが、出すものを出せばすっきりし、単なる便秘だったことが判明すると、途端にガッカリしてしまった。爪を切っていて切りすぎてしまうと、こんな深爪じゃもう重い荷物を持つことはできないのでは……とまで考え出すありさま。

気がつくと私は、日常のいたるところに「旅に出なくて済む理由」を探していたのだ。エエカッコしいなものだから、自分を正当化できる言い訳がほしかった。めめしい自分がほとほとイヤになってくる。こんな自分がイヤだから、変わりたくて仕方がないから、旅に出ることにしたっていうのに！　小心者の私にひとり旅なんて、どだい無理な話だったのだ。

思いつめた私は、旅行代理店に電話してみることにした。

「すみません、チケットを買った者なんですけども、キャンセルできますでしょうか？」

なんたる醜態。昨日のあの一大決心は、いったいなんだったんだ!?

「お客様の出発日はいつでございますか？」

「あのぅ、実はあさってなんですが……」

私がそう告白すると、応対に出たねえちゃんはビジネスライクに言い切った。

「キャンセルはできますが、すでに出発の2日前を切っておりますので、料金の払い戻しはできかねます。それでもよろしいですね？」

チケットって、直前だと払い戻しできないものなの!?　そんなの全然よろしくない。

「あ、いやっ、なら行きます、行きます。ええ、間違いなく、行かせて頂きますんで」

私は動揺を隠せず、しどろもどろになって電話を切った。

とにかく、あんな大金、今さらドブには捨てられない。こうなったら、ホントに旅立つしかなかった。もう本当の本当に、引き返せないところまで来てしまっているのだ。

私は友人たちに、電話しまくることに決めた。このまま帰らぬ人になるかもしれないというのに、別れのあいさつもなしではあまりに水臭いと思ったのだ。

まず、ちんに電話してみることにした。ちんは「ミスターちん」に似ているので、本人の意思を無視して私が勝手に〝ちん〟と呼んでいる女だ。あいつなら同じ大阪人だし、私も母国語で話せば少しは落ち着くかもしれない、なんていう淡い期待感があった。

開口一番、私が「ちんか？　なぁ、もう死ぬかもわからんねん」と言った途端、ちんは、

「えー!?　なんでなんで？　なんであんた死ぬのん？　病気か？　ケガか？　あ、もしかして、あんたエイズなんかー!?」

とマシンガンのような早口で聞き返してくる。「死ぬかも」と告白してる人間に向かって、なんちゅう返しやねん！

私が前置きを荒っぽくダーッとまくしたてると、沸点の低いちんはすぐに興奮してきた。

「あんた、ほんまに気いつけなあかんで！　香港ってな、デパートの試着室とか女子トイレの個室にマフィア専用の裏ルートがあってな、連れ去られて、そのまま売り飛ばされることがあるらしいで!!」

こんなに緊張しているというのに、最悪の情報をインプットしてくるちん。

「ほ、ほんまか!?　トイレも落ち着いてできへんのか!?」

「まぁ、聞いた話やけどな」

ちんはいつも情報をたんまり持っていて、しかもそれが、そんな話どこから仕入れてくる

んだ？　という口コミ系のものばかりなのだ。ちんと話していると、昔流行《はや》った〝口裂け女〟の出所はこいつだったのでは……という疑惑さえ頭にチラついてしまう。

ちんは話を続けた。

「あと、アメリカ行ってカツアゲされそうになった子がおってな。空手のマネしたら外人はビビるって聞いてたから、空手のポーズを構えたんやって。そしたら強盗の方がビビり過ぎてな、バーン、ピストルでその子、心臓をひと撃ちされてしもたんやって。強盗の方も脅し用のピストルやったから、急所を外すってことを知らんかったんやろうな」

オイオイ、いいよ、よしてよ、アメリカの話までは。でも、なんだって、その強盗のピストルが脅し用だったとか、急所の外し方を知らなかったとかまで分かるんだ？

ちんの話は、多分に自分の感情移入がなされているのがポイントだ。しかし、もう少し旅立つ友人にふさわしい話はできんものか。ちんと話した私は、勇気が湧くどころかますます恐怖が増してしまった。この分だと、世界中の恐ろしいエピソードを聞かされそうだと思った私は、「ほな、生きて帰ってこれたらな」と言ってあわてて電話を切った。

まぁ、ちんに悪気がないのは分かっている。ちんも私の身を案じ、何かの役に立つと思ったからこそ、いろいろと言ってくれたのだ。

同じクラスの酒井には、帰国が遅くなった場合の授業の代返を頼んでおいた。

しっかり者のせっちゃんには、私の身に万が一のことがあったら、アパートにある私の日記を全部、焼却してくれるようお願いした。日記に書いてあることといえば、ホレた男をゲットするための作戦メモだったり、恋する想いを綴《つづ》ったポエムだったりと、こっぱずかしいものばかりなのだ。あんなに恥ずかしいものが人目に触れるくらいなら、死んだ方がマシだ。あ、でも焼却されるようなときには私はもう死んでるのか、ってもう、なに死ぬことばっかり考えてんだよ!!

ひと通り友人に不安をブチまけると、頭の中が真っ白になってしまった。やるべきことは山ほどあるような気がする。でも、何をどうしていいものやら、さっぱり分からないのだ。

とりあえず本屋に行ってみると、旅コーナーにはありとあらゆる種類のガイドブックが出揃っていた。どの本を持っていくかで、旅のスタイルが決まってしまうような気がして、ガイドブック選びにもおのずと力が入る。

だが、何時間も立ち読みしているうちに、あまりの情報量の多さで頭も体もフラフラしてきた。私は前に兄が「安宿にはたいてい無料の地図やパンフレットが置いてあるもんや」と言っていたことを思い出した。タダでもらえるんであれば、何もわざわざ重たい本を持っていくこともない気がしてくる。

よくよく考えてみると、私は映画を見るときだって、前もって詳しいあらすじを読んだりするのが好きじゃないのだ。よくテレビで映画のメイキングなんかをやっているけど、それが自分が見ようと思っている映画だった場合、すぐにチャンネルを変えてしまう。情報を入れたら入れただけ、その映画を見たときに新鮮味や驚きがなくなって、わくわくする気持ちが半減してしまうからだ。

旅もそれと同じで、ガイドブックを持っていくと、情報を確認する旅になってしまうような気がした。それに私には、旅といえば〝出会い〟だというイメージがあった。どんなガイドブックにだって、『ここに行けば、こんな出会いがあります』なんてことは載っていない。情報がどれだけあっても、不安がなくなるわけでなし、ならいっそのこと、白紙のままの自分を連れていってしまおうか。

あれこれ思い悩んでいるうちに、出発の日がやって来てしまった。緊張で眠れない日が続き、私はすでにヘロヘロ状態だった。結局、荷造りもまだやっていない。私は重い腰を上げ、ようやく準備にとりかかることにした。

薬品類なんかはどうしよう。とりあえず、胃薬、頭痛薬、風邪薬ぐらいは持っていっとくか。じゃあケガしたときは？　軟膏に消毒液、包帯、綿棒。そうなると、ハサミもいるな。あと爪切り。トゲ抜きなんかもいっとくか。向こうも夏なんだ、虫よけは？　喉《のど》が痛くなったときのうがい薬は？　目にゴミが入ったときの目薬は？

アァーッ!!　もういい、たくさんだっ！　不安が不安を呼び、いい加減イライラしてきた。心配し始めたら、薬箱ごと持っていってもまだ足りない。自分が病気になるなんてこと、考えたくもなかった。やっぱり医者に行くしかないのだ。

なんでも持っていきだすと、本当にキリがない。私は決心した。どうしようかと悩んだものは持っていくまい。「いるかも」と思うものを持っていき始めたら、部屋中のものを全部持っていくことになる。それでは旅じゃなくって引っ越しだ。

替えの下着2枚に靴下2足。短パン。歯磨きセット。リンス・イン・シャンプー。バスタオル。ばんそうこう。使い捨てカメラ。小さい目覚まし時計。革のずだ袋。辞書。日記帳とボールペン。パスポートに6万円の現金。これが私の全財産だった。なんか忘れているような気がするけど、なくて困ったら現地で買えばいい。とにかくまずは、家を出なければ。

空港の出発ロビーは、家族連れやカップル、ツアーの団体客などであふれかえっていた。こんなにもたくさんの人が、毎日、旅に出ていたという事実に、私はショックを受けてしまった。しかも、なんでみんな、そんなに楽しそうにしていられるんだ？　これから飛行機に乗って、地上から浮くんだよ、体ごとっ。もしかすると、空中でこっぱみじんになるかもしれないというのに！　そう思うと、遺書を残してこなかったことが、心の底から悔やまれてきた。

ハッ、遺書？　誰に？　しまった。私は母に旅のことを言っていなかったことに気づき、あわてて実家に電話をかけに走った。

「私や。今、成田でな。これからひとりで香港とシンガポールに行くところなんや」

母を心配させまいと緊張を押し殺し、さりげなく切り出してみた。

「あんた、ようそんなお金があったなー」

母はのんきなものだった。

「香港に行くんやったらな、今、流行ってるあの痩《や》せる薬、買うてきてほしいわぁ。この頃また太ってしもてな。こんなに小食やっていうのに、なんでやろなぁ」

どこが小食やねんっ。

「そんなに痩せたいんやったら、もう一生、モノ食わんとき」

憎まれ口しか出てこない。どうして親にはこうも素直になれないものなんだろう。

「じゃあね」と私が電話を切りかけると、おかんはあわてて言った。

「あ、ちょっと待ち。さくらちゃーん、てるこちゃんにお別れのごあいさつはぁ？」

オイオイ、この期《ご》に及んでさくらかい。いいよ、それだけは勘弁してよ、なんて断るスキもなく、さくらがカン高い声でしゃべりだした。

「テルコねえチャーン。ホントに気をつけてネーッ。無事、帰ってくるんだヨー！」

お前に「ねえさん」などと呼ばれる筋合いないやい！　とムカつきつつも、もしかしたらこれが最後になるかもと思った私は、いつになく優しく応対してあげた。

「はいはい、さくらちゃんも元気でな。ほんなら、みんなによろしゅうね」

電話を切って一瞬、アホかぁ？　と思うが、母がふざけていたんじゃないことに気がついた。おかんも、本当は子どものことが心配なのだ。でも、それをストレートに伝えたら私の負担になるだろうと思って、自分の気持ちをオブラートに包んでさくらに代弁させたのに違いなかった。かなりマヌケな設定ではあったけど、親心を感じて胸がジーンとしてしまう。

出発ゲートに向かっていると、ドキッとする看板が目についた。『海外旅行保険』の文字だ。マズった、すっかり忘れていた。やっぱりこういうのって、入っておくべきなんだろうか。でも、貴重品なんて持ってきてないもんな、と一度は通り過ぎたのだが、あわてて引き返した。貴重品は私自身だと気がついたのだ。

1万円もの大枚をはたいて保険に加入すると、興奮は最高潮に達してきた。さっきまで死の恐怖に怯《おび》えていたというのに、今度は生への感謝が怒濤《どとう》のように込み上げてくる。ウォー!!　私は今、生きてるんだなぁ！　真っ赤に流れる私の血潮!!　空港のロビーを一歩一歩踏みしめながら歩いた。日本の大地よ、さようなら。この母国の地を、再び踏むことができますように!!

いよいよ乗り込んだ飛行機が滑走路を走り始める。私は離陸する様子を窓にへばりついて見つめていた。なんでこんなに重いものが宙に浮くんだ!? 一体全体どういうこと!? 飛行機が水平に飛び始めると、緊張のあまり、さっき行ったばかりだというのに私はまたしてもトイレに行きたくなってきた。

寝ている隣のおっちゃんをまたいで通路に出た私は、こんなに動揺しているというのに、落ち着け、落ち着け、と自分に言い聞かせていた。私にはすでに、ひとり旅のイメージがしっかとあったからだ。何事にも動じない、さりげない身のこなし。人が見れば「あっ、あの人ちょっと旅慣れてるぅ」という感じの雰囲気を醸し出したかった。

それにしても、今日という日は、なんだか朝から妙に人と目が合う。トイレに向かって歩きながら、その思いは確信となった。人が、私を見る視線が熱いのだ。しかも、かなりの熱さだ。私ってば、結構イケてるんじゃないか? これがデビューとはいえ、長年のイメージトレーニングの成果で、すでに自分からは〝旅人オーラ〟がにじみ出ているのかもなと、ついほくそ笑んでしまう。

だが、トイレの鏡に映った自分を見たとき、みなの熱い視線のわけがようやく分かった。私のTシャツには、なんと「一番」という、どデカい黒い太文字プリントがあったのだ。以前、友人に外国へのお土産《みやげ》を頼まれて浅草でテキトーに買ったのだが、結局使わなかったモノ。なぜ私はよりによって、こんなTシャツを着てるんだ⁉　「こんなのいったい誰が着るんだ？」と思っていた、まさにその〝一番Tシャツ〟……。

あぁ、なんという運命のいたずら。しかも貴重品袋を買う金がなかったから、腰にはもらい物の、これまたどデカいウエストポーチ。おのぼりさんを定義するならこのスタイル、と言わんばかりのいでたちではないか！

シェーッ‼　今さら悔やんでも遅い。何も考えずにこれを着てきてしまった自分が、20歳の等身大の、私自身なのだ。それってどんなワタシ？　とも思うが、イカンイカン、難しいことを考えてはイカン。今さら自分を変えられやしないのだ。

私はじっと座っていることに耐えきれず、機内誌をパラパラめくっては戻してみたり、トイレに行ったりを繰り返していた。そうこうしているうちに機内食タイムがやって来たらしく、白人のデカいオバハン・スッチーがメニューを持ってきた。そういえばバタバタしてて朝から何も食べていない。気づけば緊張で喉《のど》もカラカラだったし、どうりでさっきから落ち着かないはずだ。

渡されたメニューを見た私は、そのあまりの豪華さに自分の目を疑った。もしやこの席はビジネスクラスだったのか⁉ でも、さっき向かいのサラリーマンのおっちゃんらが、「私らビジネスで行くのに席はエコノミー」なんてつまらない冗談を言っていたから、エコノミーであることは間違いないのだ。メニューにズラーッと並んだこむずかしい名前の洋食オンパレードに、私の頭はクラクラしてきた。

サラダ
新鮮な季節の葉野菜と
千切りレッドペパー
スライスしたラディッシュと
オリエンタル・ドレッシングの
組み合わせ

ビーフ・テンダーロインの
ブロイル
クリーミーなスミタネ風ソースをかけ
レッドペパー入りライスピラフと
ディル風味のベビー・キャロットを
添えます

または
ささ身チキンのごま風味
ごまの衣をつけて焼き上げ
シュプレーム・ソースをかけて
ベジタブル・メドレーを添えます

デザート

東京のこじゃれたレストランで食べたら、１万円は下らないと思われるごちそうだ。これではどっちかひとつなんて選べやしない。ああ、私を惑わす〝空飛ぶ三つ星レストラン〟。

ごっつい体格の白人スチュワーデスが、ワゴンを引きながらだんだん近づいてくる。わ、わ、わ、どうしよう。

スッチーはにこりともせず、私に向かって言い放った。

「ビーフ？　オア　チキン？」

「アー、プリーズ　イーチアザー」（どっちも欲しいと言いたい）

私がとっさにそう答えると、オバハン・スッチーは怪訝《けげん》な顔になり、ダイナマイトバディを近づけてきた。

「ワァーット!?　ビィーフ!?　チキーン!?」

しかし、顔をしかめただけで、どうしてこうも怖い顔になるんだ!?　のけぞろうにも、体はベルトで固定され、身動きできないときてる。だが、こういうときこそ大和魂の見せどころなのだ。私は懸命に、自分の意思を伝えようとした。

「ノーノー。アー、イフオーケー？　ビーフ&チキン　イーチアザー　プリーズ」

さすがに今度は通じたようだ。大柄スッチーはニカーッと笑って、

「オーケー！　ファースト、ビーフ」

と言うと、私のテーブルにビーフバージョンを置いてくれた。

が、ひと口食べてみて、途端にガッカリしてしまった。牛肉は焼いたスルメみたいに固かったし、ソースは膜が張っててモチャモチャしている。こうも味気ないものに、よくまぁこんなに大層な名前が付けられたものだ。しかし、私は金銭的な余裕もないのでここで食いだめしておこうと思い、スッチーが律儀に持ってきてくれたチキンバージョンもろとも、きれいに平らげたのだった。

腹がいっぱいになると、酒の弱い私はビールの酔いがまわって眠くなってきた。確かにこの数日間、ほとんど寝てないんだから無理もない。強烈な睡魔に襲われた私は、頭から毛布をかぶってそのまま爆睡してしまった。

激しい振動で目が覚めると、飛行機はすでに香港の上空で、今まさに着陸せんというところだった。ゴォーッ!! 飛行機がものすごい音を立てて急降下しているのが分かる。どれどれ。窓から外をのぞいてみると、なんと飛行機が海に向かって真っ逆さまに墜落しているではないか! パッ、パッ、パラシュートはどこだっけ!? あぁ、神様、仏様!! よりによって私の乗った飛行機がっ。パニくって、反射的に目をつぶってしまう。

数秒が経過。おそるおそる目を開けてみると、よかった、落ちてない。だが、まわりはみんな落ち着いた様子で、どうやらハァハァ言っていたのは私だけのようだった。

ホッとする間もなく、今度は、この飛行機は香港を削るつもりかー!?　というくらい、派手な建物が密集している地域とスレスレのところを飛び始めた。目と鼻の先に、たくさんの人がまるでアリのようにシャカシャカと忙しそうに歩いている姿が見える。ヒィーッ、ぶつかるー!!　しかも、機内はまるで大地震でも起こったかのような激しい揺れ具合なのだ。私はもう息をするのがやっと状態だった。シートのひじ掛けをギュッとつかんだまま耐えに耐え、飛行機はようやく空港にズドーン、ズドドドドーンという音とともに着陸した。

飛行機を降りると、ムアーッとサウナのような熱気が押し寄せてくる。肌にネトッとくる感じ。ジャッキー・チェンが映画の中でいつも汗だくなのは、この湿気のせいだったのかもな。映画では湿気までは分からんものだ。よーし、生の香港の匂いを嗅《か》ぐぞー、なんて意気揚々としていたのも束の間で、空港のロビーに出た私は焦った。

耳に飛びこんでくる広東《カントン》語の嵐。ズラーッと並んで待っている、顔、顔、顔。みな、こっちの人たちだ。さっきまでたくさんいた日本人も、サーッといなくなってしまっている。みんな、ちゃんと行き先が決まっていたのだ。もう夜の9時過ぎではないか。ヒエーッ、これからどうすればいいんだ!?

と、そのとき、『たかのてるこ様』と書いた白い紙を持っている人の姿が見えた。あれはフミオさんではないか!? かつてバイト先で知り合ったフミオさんは、大学の交換留学生として上海にいるはず。そういえば2日前、彼からたまたま電話があったときに、香港に行くことを話してたんだっけ。

フミオさんがニコニコ顔で私の方に近づいてきた。

「いやー、会えてよかったよ。電話で話したとき、てるこちゃんがあんまり『怖いー、もう死ぬー!!』なんて言ってたから心配になってさ。僕も、帰国する前に香港には寄るつもりだったから、予定を早めたんだよ」

なんて優しい人なんだろう! タンタンに似ているフミオさんは、欠点がないのが欠点では? と思えるほど、友だち思いの律儀な人なのだ。フライト時間が分からなかったので、昼過ぎから空港で5時間も待っていてくれたのだという。さっきまでのピンピンに張り詰めていた気持ちが、みるみる溶けていくのが分かる。

「心細くて、どうしようかと思ってたんだよ。ホントにどうもありがとう!!」

おセンチになっている私をよそに、彼の視線は私の胸元にクギ付けになっていた。

「てるこちゃん、しかしまた、すごいTシャツ着てきたねぇ。初めてのひとり旅で、さすが気合入ってるねっ」

「…………」

私は思わず言葉を失ってしまった。

「で、でも、ココは外国なんだからさ、誰も意味なんて分かりゃあしないよ」

「もう大ボケだなぁ。香港は中国人ばっかりなんだから、分かるに決まってるじゃない」

そうだった。すっかり抜けてた。でも、まぁいっか。気にしない、気にしない。すでに〝一番Tシャツ〟に対する心構えができていた私は太っ腹だった。

まずは今夜泊まる宿を確保するために、フミオさんが泊まっているという繁華街に近い安宿に連れていってもらうことにした。

夜の香港をバスで走る。ネオンの高層ビル群。きらびやかな漢字の看板。活気に満ちた屋台の並び。たくさんの人びとが、せわしなく歩いているのが見える。うわぁー、映画で見てたのとおんなじだ。窓から入ってくる夜風が、頰《ほお》に触れて気持ちがいい。

香港の夜景をぼんやりと眺めながら、私はその美しさと人びとの活気に魅せられていた。

ああ、私は今、香港にいるんだという実感がもりもり込み上げてくる。空を渡って、ようやく憧れの〝ひとり旅〟に出ることができたのだ。東京も香港も世界中どこだって同じ空でつながっていて、同じ地球の国なんだなぁ。目の前に広がる異国の風景に、ちょっとずつ馴《な》染《じ》んでいくのが分かる。来てよかった。何をしたわけでもないのに、私はもう幸せな気持ちで胸がいっぱいになってしまった。

安宿は、九龍《クーロン》という地区の交通の便のいいところにあった。受付には知的な顔立ちの兄ちゃんがいて、一番安い部屋を聞くと値段表の『床位』を指した。

フミオさんが教えてくれる。

「コレはドミトリーのことだよ。つまり、大部屋だね。ボクもドミトリーだけど、1泊800円だし、慣れちゃえば快適だよ」

私はそのドミトリーとやらに泊まってみることにした。部屋は男女別に分かれていたので、明日ロビーで待ち合わせる約束をして、私たちはそれぞれの部屋に向かった。

女性用ドミトリーは6畳ほどの大きさで、部屋の三方にはパイプ製の二段ベッドが置いてあった。わずかな隙《すき》は、デカいリュックで占められている。ここが、初旅の、記念すべき宿かぁ。初めて見る、いろんな国からの旅人たち。本を読んだり、すでに眠りについている彼女たちを、私はため息をついてうっとり見つめてしまった。

自分のベッドで荷を解いていると、白人のふたり組が部屋に入ってきた。彼女たちは私にニコッと微笑み、いかにも慣れた感じで「ハーイ」と声をかけてきた。

「ハ、ハアイ」

私も笑顔で返してみる。宿を同じくした旅人同士の、さりげないやりとり。外人ってホント、目が合っただけであいさつしてくるんだなぁ。この雰囲気。このわくわくする感じ。世界のバックパッカーの仲間入りを果たせた気がして、嬉しさが込み上げてくる。ずっと夢みていた旅を、今まさに自分がしているだなんて！　心がむちゃくちゃ喜んでいるのが分かる。自分の心が喜ぶことが分かるのは、世界中で私ひとりなんだ！

その夜は、興奮のあまりなかなか寝つけなかった。同室の白人たちのヒソヒソ声が、ここが日本ではないことを強く意識させ、自分の心臓の立てるドックンドックンという音が、耳にうるさいぐらい鳴り響いていた。薄明かりの中、いつもと違う天井を見つめていると、なんだか自分がものすごく遠くまで来てしまったような気がした。

旅人デビュー

ボディランゲージ・ハイ

朝早くに目が覚めた。飛行機の中でも爆睡したのがよかったらしく、時差ボケもほとんどない。

宿の外に出てみると、通りにはすでに人がチラホラと歩いていた。暑い国のせいか、みんな恰好《かっこう》がラフだ。30メートルほど離れたところに、掃きそうじの手を休めて立ち話をしているオバちゃんたちがいる。私はその、あまりの声の大きさとトークの勢いにビビってしまった。

こりゃあ朝っぱらからケンカか!? こっちの人は気性が激しいんだろうか。だが近づいてみると、なんのことはない、単にアクションがオーバーで話が盛り上がっているだけなのだ。どこかで見た光景だなぁ。この、人目を気にしないアバウトな感じ。これってデジャブ？ いやいや、たたみかけるベシャリといえば関西人ではないか。そうか、香港と関西は似た者同士だったんだ。初めて見る風景の中に自分との共通点を見つけた途端、なんだかこの街にグッと親しみが持てたような気がしてきた。

しばらくブラブラ歩いていると、路上にテーブルを並べた簡易食堂に出くわした。湯気がもくもくと立ちのぼっていて、中華独特のいい匂いがモァーンと漂ってくる。出勤前の人が朝食をとっているらしく、どのテーブルもほぼ満席のにぎわいだ。その中に、やけにうまそうにお粥《かゆ》をかき込んでいる労働者風のおっちゃんがいた。おっちゃんはえらくデカい具にかぶりついていて、私はその食べっぷりに目がクギ付けになってしまった。

なんだあれ？　うまそうに食っている人を見ると、私はもう居ても立ってもいられなくなるタチなのだ。なんとも都合のいいことに、おっちゃんの隣がちょうど空いているではないか。私はそのおっちゃんの隣の席に座ってみることにした。

早速、働き者という感じの若い兄ちゃんが注文を取りにやって来た。私はちょっとドキドキしながら隣のおっちゃんの粥を指差し、「ディス、プリーズ」と言ってみた。生きのいい兄ちゃんはすぐに「イェッ」とうなずいてくれて、初注文はなんなくクリアー。

なーんだ、オーダーなんて朝飯前ではないか。「メイアイなんとか〜？」とか、そんな難しいことを言わなくても、自分が食べたい物を指差せばいいんだ。それに誰だって、自分のチョイスをナイスだと思われて悪い気はしないもんだよな、などと思って調子に乗っていると、隣のおっちゃんが私のことをジーッと見ているのに気がついた。

決して人相がいいとは言えない、おっちゃんの顔立ち。アハッ、ま、たまに怒る人もいたりしてな。私はもう胸がドキーッとしてしまい、とりあえず「ハ、ハアイ」と愛想笑いをしてみた。

するとおっちゃんはイカツい顔から一転、ニカーッと笑って「グゥッド」と言ってくるではないか。その「グゥッド」には、「よしよし、オレの真似なんかしちゃってウイ奴め」という感じのニュアンスが込められていたので、私はホッとしてしまった。おっちゃんは怖い顔に似合わず、なかなか友好的な人らしい。

なにかリアクションを返さねば。「おっちゃん、うまそうに食べるなぁ」なんてことをさらっと言いたいところなのだが、英語でどう言えばいいかが分からない。えーと、えーと、こうなりゃ得意のモノマネだっ。私は落語家が乗り移ったようになって〝おっちゃんが粥を食べるマネ〟をハフハフとやってみせ、それからおっちゃんを指して「グッド、グッド！」と言ってみた。

「アー、アー」

おっちゃんは嬉しそうに笑ってうなずいた。ちゃんと意味が伝わったみたいだ。すっかり気を良くしたおっちゃんは、自分の粥を指し、親指を立てて〝グッド〟のサインを作って得意気に話しかけてくる。

「グゥーッド、グゥーッド!!（そりゃあ、これはオレの大好物なんだもんよ）」

おっちゃんの表情を見ると、どういう意味の「グッド」なのかが、手に取るように分かるから面白い。

彼は自分と同じ粥をかき込んでいる私を見て、あまりのうまさに感動しているとでも思ったのか、今度はちょっと誇らしげに声をかけてくる。

「グゥーッド？（イケるだろ？）」

「イェーッ、グッド、グーッド！（うん、うまい、うまーい！）」

私はさも美味しそうにお粥を喉《のど》に流し込んだ。

しかし、ただの「グッド」でこんなに話ができるとは思わなかった。単純な言葉でも、しぐさや感情の込め方次第で、いろんなことが伝えられるんだ。もしかしたら、ヘタに流暢《りゅうちょう》な英語ができるよりも、身ぶり手ぶりの方がよっぽど〝気持ち〟が伝わるのかもしれないな。

私は心を開いてオープンになるときのコツをギュッとつかんだような気がした。

宿に戻って、フミオさんが起きてくるのをロビーで待つことにした。ロビーといっても小さなフロントの前に、ソファーとテーブルが置いてあるだけの簡素な空間だ。

フロントには、昨日チェックインの手続きをしてくれた兄ちゃんがいて、

「オハヨー!　ユーアー　ナンバーワン・ガールネーッ」

と声をかけてきた。「くそっ、バレたか」と思うが、私のTシャツにはデカく『一番』と書いてあるんだから、まぁそう言われても仕方がない。

からかわれたままなのも悔しかったので、私がおどけて「イェーッ。アイアム　ジャパニーズ・ナンバーワ〜ン」と答えると、兄ちゃんは調子に乗って「日本の何の一番なんだ?」と聞いてくる。

答えにつまった私は、フロントにあった短い鉛筆を鼻と口ではさみ、尻を振りながらちょこまか歩いてチャップリンのマネをしてみせ、

「オフコース、アイム　ナンバーワン・コメディアン!!」

と言ってみた。彼は、私のバカなしぐさにケタケタ笑って、

「オーゥ、ナイストゥミーチュー!!」

と大げさに喜び、手のひらにマジックでサインを書いてくれと言いだした。えらく乗りのいい兄ちゃんんだ。彼の名前はブルース、年は19歳なのだという。ブルースはキリッとした知的な顔立ちにもかかわらず、いたずら大好き少年が大きくなったという感じの青年だった。

しばらくすると、スタッフがひとり、またひとりとやって来た。そのたびにブルースが私のことを「日本の有名なコメディアンだよ」なんて紹介するものだから、乗せられやすい私

は、「アチョー!!」とできもしないブルース・リーのマネをやってみせたり、ブルースに向かって「アイム　ユアブラザァーッ!!　トゥアーッ!!」などとかましたり、朝からフロントは大盛り上がりになってしまった。

いつの間にかロビーにやって来ていたフミオさんは、私のあまりのハッスルぶりに圧倒されている。

「えらくにぎやかだなぁと思ったら、まさか、てるこちゃんだったとは……」

私だって、初日の朝っぱらからこんなことになるとは思ってもみなかった。

「いやー、このTシャツを兄ちゃんたちにからかわれてさぁ。参っちゃったよ」

なんて言いながらも、私はものすごく爽快な気分だった。英語もロクにできない私が、身ぶり手ぶりで人を笑わせることができたのだ。宿のスタッフがみな、年齢も近くてフレンドリーな人ばかりだったおかげで、いつもの調子が出せたような気がする。

フミオさんは今夜の飛行機で日本に帰るので、フロントでチェックアウトを済ませていた。彼がいなくなってしまうのは寂しかったけど、宿の兄ちゃんたちと仲良くなれたこともあって、私はそれほど不安を感じずに済んだ。香港の街に出かけていくのも楽しみなら、夜になってこの宿に帰ってくるのも楽しみになってきていたのだ。

フミオさんとバスを乗り継いで繁華街に出かけた。大通りの両側に立ち並んだビルからは、ネオンのど派手な看板が「これでもか!」というくらい突き出ていて、通りを行く二階建ての路面電車とよくぶつからないものだと感心してしまう。エネルギッシュな香港の街並みを眺めているだけで気分が高揚し、飽きることがなかった。

人混みを歩きながら、私はフミオさんに聞いてみた。

「フミオさんは、どうして中国に留学しようなんて思ったの?」

「ずっと、中国ってところには惹《ひ》かれてたんだ。どこかに自分のルーツを感じてたのかな。行ってみたら、中国はとてつもなく大きくて、知れば知るほど奥が深いんだよ」

彼が上海に留学してから、もう1年になる。将来は、中国と日本の架け橋になるような仕事がしたいというフミオさん。自分の進みたい道が分かっていて、すでに歩き始めている彼が、正直うらやましかった。

「私なんて英語もロクに話せないし、違う国の言葉なんてとてもじゃないなぁ」

「ボクだってそう思ってたさ。でも漢字が分かる日本人には、中国語を覚えるのはラクな方だと思うよ。外国人は、漢字に一番苦労するっていうからね」

そう言われてみると、街にあふれる漢字の看板を見ても、確かにたいていのことは想像がつく。

例えば、夏のバーゲンのキャッチコピーは『狂滅』になっている。きっと、他の国の人にはワケが分からん文字に見えるだろう。でも私からすれば、あれはつまり「思いきり減らします」ということだな、というふうに、なんとなく意味が分かるのだ。

フミオさんは、地元の露店市場に連れていってくれた。

市場では、怒鳴っているような威勢のいい広東語《カントン》が飛び交っていた。買う人、売る人、ものすごい活気だ。なんともいえないスパイシーな匂いが、どこからともなく漂ってくる。日本人と変わらぬ顔立ち、体格、雰囲気の人びと。行き交う人とすれ違うたびに、自分の知っている人の顔が思い浮かぶ。私は友だちに似ている人を見つけては、心の中で「おお、酒井！　なんでアンタこんなところで干物なんか売ってるんだ!?」などと勝手にツッコみ、〝そっくりさん探し〟を楽しんでいた。

そんなふうに歩いているものだから、初めて来た場所なのにまったく違和感がなかった。ずっと前からこの場所を知っていたような、懐かしい感じさえしてくる。そうか、この近しい感じは、ここがアジアだからなんだ。私は自分に流れるアジアの血を、生まれて初めて実感したような気がした。

肉屋の店先には、生々しい豚の首が丸ごとぶら下がっていた。包丁で豚を切り分けている兄ちゃんが、私の〝一番Tシャツ〟をめざとく見つけて声をかけてくる。

「ヘェーイ、ナンバーワァーン！」

その声で、近くの露店の兄ちゃんたちがいっせいに私の方を見た。そんなツッコミを受けて、リアクション大魔王の私がなんの返しもしないでいられるわけがなかった。私は『酔拳』の頃のジャッキーみたく大げさに両手と腰をくねらせ、えせカンフーポーズを構えると、

「イェーッ、アイム　ジャッキー・チェンズ　シスタァーッ！」

と叫んで、ぶら下がっている豚に飛びかかるマネをしてみた。

肉屋の兄ちゃんは、肉切り包丁を振り上げ、「お前は豚よりも強い！」なんて言って喜んでいる。陽気な彼らが口々にはやしたてる。大受けだ。おっかしいなぁ。みんな底抜けに明るい。

さらに少し歩くと八百屋があった。店先に並べられたザルかごの中には、見たこともない野菜や果物が山積みになっている。調子が出てきた私は、人の良さそうな八百屋のおっちゃんに、「ディス、オールオンリーワン（全種類を1つずつだけ欲しいんだけど）、ハウマッチ？」と声をかけてみた。

「オーケー。ユーアー　ナンバーワァーン！　トラァーイ」

おっちゃんがデカ包丁で、野菜や果物をちょっとずつ切って差し出してくれる。またして

も一番Tシャツの威力だ。

「ンーッ、グッドテイスト！　ユーアー　ナンバーワーン・ベジタブルマーン！」

オーバーに舌なめずりをし、よだれを拭くしぐさをしてみせると、おっちゃんはフォッフォッフォッと愉快そうに笑った。私もその声につられて笑いが込み上げてきて、しまいにはおっちゃんと腹を抱えて笑い合ってしまった。

すっかりハイテンションになっている私を見て、フミオさんが目を細めて言う。

「てるこちゃん、そのTシャツを着てきたかいがあったねぇ」

「ホント、これのおかげで、なんだか大胆になれちゃうよ」

確かに〝一番Tシャツ〟を着ていると、もうそれだけで恥ずかしさを通り越しているので、私は何をするにも照れずに済むのだ。こんなふうに気軽にいろんな人と話ができるなんて思いもしなかった。想像もつかなかった自分がここにいる。それは、今までに感じたことのない解放感だった。日本を出るときには、自分のキャラクターにちょっとウンザリしていたのが嘘のようだ。

子どもの頃、初めて人前で笑いを取ったときに味わった、なんとも言えない爽快感が胸に蘇《よみがえ》ってくる。自分がなぜ、こんなにも人に笑われるのが好きな〝笑われたがり屋〟になってしまったのかを、久しぶりに思い出したような気がした。私はいつも人を笑かすことで、自分自身が楽しい気分になりたかったんだ。もちろん、自分が笑うのも楽しければ、人に笑ってもらえるのも嬉しい。なんといっても、笑うと、自分の心も相手の心も自然とほぐれてくるのだ。


フミオさんとあちこちを散策しているうちに、だんだんお腹がへってきた。ランチを食べる店を物色しながら上海ストリートを歩いていると、突然、同い年くらいの日本人の男の子に声をかけられた。

「あの、昼ごはんまだやったら一緒にどうですかぁ？」

はて、どこかで見たことがある人だ。有名人、にしてはトボケた顔だよな、などと考えていたら、やっとふに落ちた。彼は、絵本の『ウォーリーを探せ』のウォーリーにそっくりだったのだ。どうりで昔、探したことがあると思ったら。

右にタンタン、左にはウォーリー。ふたりの絵本から抜け出してきたような男に挟まれ、まさにダブルハンドフラワー状態になった私はもう上機嫌。近くの食堂で中華をお腹いっぱい食べ、その後も3人で一緒にあちこちをブラついてまわった。

夜になってフミオさんは日本に帰るために空港に向かい、ウォーリーは自分の宿を引き払って私の宿に越してくることになった。ウォーリーの泊まっていた宿は交通が不便な割には高く、宿を替えたがっていたからだ。

ウォーリーと連れだって宿に戻ると、フロントにいたブルースがニヤニヤ笑って話しかけてきた。

「オー!!　ナンデスカー、テルコォ。ニューボーイフレンドネーッ」

フミオさんが去った途端、私がウォーリーを連れてきたことをからかっているのだ。

「ノーノー！　オンリー、フレンドなんだってば！」

なんてことを言いつつ3人でワイワイ盛り上がっていると、日本人の恰幅《かっぷく》のいい兄さんが外から戻ってきた。

ブルースが「ハヤサーン」と声をかける。その瞬間、私は彼のTシャツを見て目がテンになってしまった。その「ハヤさん」と呼ばれた男のピンク色のTシャツには、『日本』というどデカい黒い太文字プリントがあったのだ。いったいこの男、何者なんだ!?

「失礼ですが、そのTシャツはどちらで？」

私が尋ねてみると、彼は一瞬「へ？」という顔になって、自分のTシャツに目をやった。

「あぁこれ？　たしか、アメ横かどっかの、土産物屋《みやげもの》で買うたもんですわ」

くぅーっ。今の余裕に満ちた応対を見たか？　彼はすでに、自分がそのTシャツを着ていることすら意識していないのだ。そう、彼はまさにTシャツと一心同体。世の中、上には上がいるものだ。しかし、彼はなぜこんなTシャツを着ているんだろう。もしかして、キョーレツな愛国心？　あるいは単なるお気に入り？　どっちにしても怖い気がしたが、思い切って尋ねてみた。

「あのー、また、なんでそのTシャツを？」

エビス顔のハヤさんは、ニコニコ顔で言った。

「オレね、広東語が話せるもんやから、こっちの人によう香港人と間違えられるんですわ。で、これ着とったら、さすがにオレのこと日本人やって信じると思ったんよ」

「はぁー。それで、どうでした？」

「いや、あかんね。日本人やって言うても『そんなシャツ、日本人なら絶対着ない』なんて言われて、よけい香港人に間違えられますねん。ほんま、逆効果でしたわ」

そりゃそうだろうなぁ。自分のことを棚上げしてナンだけど、日本人の感覚を持っていたら、普通、そのTシャツは着れんだろう。

ハヤさんは神奈川の人なのに、なぜか関西弁ブレンドな言葉を話すユニークな人だった。すぐに意気投合した私たちは、今夜がウォーリーの香港最後の夜だというので、ブルースも一緒に4人で夜の香港に繰り出すことになった。

ナイト・マーケットは、盆と正月とクリスマスがいっぺんにやって来たような盛況ぶりだった。何百メートルも果てしなく続いている通りの両側には、ズラーッと露店が並んでいて、どこもかしこも、人、人、人であふれかえっている。成金風の安っぽいアクセサリー屋から、有名人や名作映画をパロディー化した柄ばかりを揃えているTシャツ屋まで、ベルト、靴、ソックス、パンツ、スーツと、ありとあらゆる露店が出揃っていた。豊富なのは品物だけではない。怪しげな占いをやっているじいさんがいるかと思えば、ガラクタにしか見えないものを並べているオヤジに、路上で大声を張り上げて唄っている芸人までいる。やんややんややの大騒ぎではないか。

屋台のスナックをたんまり食べて勢いづいた私たちは、香港でブームになっていたカラオケに行ってみようということになった。

オープンしたばかりだという香港のビッグエコーは、店員が日本人じゃないことを除けば日本とそっくりだった。初めにブルースが口火を切り、広東語のバラード風ポップスを熱唱し始めた。普段はやんちゃ少年そのもののブルースが、えらく真剣な顔つきになっている。モニターに出てくる漢字を目で追うと、その歌が哀しいラブソングだということが伝わってきた。愛する人を想う切ないメロディは、初めて聞くのにどこか懐かしく感じられて、私はいつの間にかブルースの歌に聞き惚《ほ》れていた。

歌が終わったところで、私はニヤニヤした顔でブルースに、

「フォー　ユア　ガールフレンド？」

と聞いてみた。ブルースは「ノー、ノー！」とあわてて否定したが、顔が真っ赤になっていて、どうやら図星だったようだ。香港だろうが日本だろうが、人の恋する気持ちは同じなんだなぁと思うと、ブルースにより一層、親しみを感じてしまう。そのうち私の番が回ってきたので、私もつれない男のことを思い浮かべながら『翼の折れたエンジェル』を思い切りシャウトした。唄い終わると、ブルースが嬉しそうな顔でここぞとばかりに、

「オーゥ！　ディスソング、フォー　ユア　ボーイフレーンド？」

と言い返してきた。「ノォーッ！」と言ってはみたものの、私の恋する気持ちはもうバレバレ。ブルースはさっきの仕返しという勢いで、「ヒュー、ヒュー!!」とまるで小学生のように私をからかってくる。

ガラス窓に映る夜景をバックに、みなが思い思いの歌を唄い、広東語、日本語、英語の歌が入り交じっての大カラオケ大会になっていく。普段の生活を続けていたら絶対会えなかった人たちと、今ここで、同じ時間を共有していることが、なんだか不思議な感じだった。日本を出てみるまでは、よその国の人がごはんを食べたり、笑ったり、恋をしたり、大声を出すとスッキリする、自分と同じ人間だということを、こんなふうに身近に感じたことがなかった。日本にいるときは香港を遠くに感じていたものだったけど、今、香港と日本の距離は

ものすごく近くに感じられる。国と国の距離は、物理的なものじゃなくて、心の距離だったんだなぁ。

私は旅をしながら、自分とは「違う」何かに惹かれながらも、結局、自分と「同じ」だと思えるものを探しているのかもしれない。香港の雰囲気や食べ物がどれだけ日本と違おうが、ここに住んでいる人に対して抱くのは「私と全然変わんないな」という思いばかりだったからだ。


翌日、ウォーリーが香港を発《た》ってからも、私とハヤさんとブルースは、毎日連れ立って出かけるようになった。ハヤさんは広東語と関西弁を使い、ブルースと私はヘンな日本語に英語を混ぜて話した。チャンポンな会話が飛び交って、次第に自分が何語を話しているのかまったく意識しなくなっていく。ブルースは、私をからかっては喜んでいるようなありさまで、とても宿の兄ちゃんのお客に対する態度とは思えなかった。ハヤさんの持っているTシャツには、『日本』のみならず『歌舞伎』と書かれたバージョンなどもあって、私は毎日、彼のファッションにど肝を抜かれっぱなしだった。

宿には他にも変わった旅行者が大勢いた。なぜかいつも裸足のインド人ユーパスは、外国人の女の子ばかりナンパしているスケベ野郎。アメリカン・チャイニーズのジョニーは、香港で職探し中のプータロー。日本人のゆかりさんは、こんな安宿に泊まっているというのに、どういうわけかボディコンに身を包んだ謎のOL。まさに奇人変人大集合という感じだった。

　夜になって宿に戻ると、スタッフが外に出してくれたテーブルで、みんなでお茶を飲みながらくつろいだ。ぼちぼちと旅行者が帰ってきては、その輪の中に合流していく。毎晩、夜遅くまで話し込み、朝も早くに出かけているうちに、私は毎朝、起きぬけに鼻血が吹き出るようになってきた。なにしろ、寝る暇を削ってでも遊んでいたかったのだ。

　ブルースに勧められて中国のビザを取り、広東まで列車で行ったり、マカオにも足を伸ばした。でも、どこに行くにも誰かしら一緒に来てくれるものだから、日がたつにつれてこれではいけないと私は思い始めていた。

　私には、安定してしまうと逃げ出したくなるクセがある。去り難いのはやまやまでも、お腹いっぱいになる前に、新しい環境に身を置きたくなってしまうのだ。知っている人がいなかった香港でもこんなふうに気の合う連中と知り合えたんだから、動けばまた、新たな出会いが待っているに違いない。そう思った私は、その足で航空会社のオフィスに向かい、夕方発のシンガポール行きで香港を発つことを決めてしまった。

　宿に帰って荷物をまとめ、ハヤさんとブルースに別れを告げると、ふたりが空港行きのバス停まで見送ってくれることになった。別れ際、ブルースが「宿に泊まっていた旅行者に聞いたんだ」と言って、シンガポールの安宿のアドレスを渡してくれた。メモには丁寧に地図まで描き込んであった。彼らの優しさが身に沁《し》みて、むちゃくちゃ切ない気分になる。この見送りだって、私の方向オンチを心配してのことなのだ。

バスが走り始めると、私は窓を開けてふたりに思いきり手を振った。彼らも笑顔で手を振り返していた。ブルースとハヤさんの姿がだんだん小さくなって、その姿が完全に見えなくなると、私は本当にひとりぼっちになってしまったような気がした。

マッチョマンとの熱い夜

香港からシンガポールまでは、4時間弱だった。

シンガポール国際空港は、都会的で整然とした感じのところだった。そんな空港の中を、リュックを背負う姿も少しはさまになってきたかな、などとぼんやり考えながら歩いていたら、私はいつのまにか迷子になってしまっていた。

向こうから、銀縁メガネの男の人が颯爽《さっそう》と歩いてくるのが見える。制服を着ているところを見ると、空港の人に違いない。この人を逃してはなるまいと思った私は、猛烈な勢いで彼にドタドタと駆け寄った。

「エクスキューズミー！　ベリベリトラブル　フォーミー!!」

「ワットハップン？（どうしました？）」

彼はにこやかに微笑んで私の方を見た。

「アー、アイロスト　マイウェイ。ホエア、エグジット!?　ハウトゥ!?」

　こっちは身ぶり手ぶりで必死だというのに、メガネの君は落ち着いたものだ。洗練された雰囲気の、ちょいとイイ男。アジアのインテリは、親しみやすくて感じがいい。

「オーケー、ホニョロロ　ホニョロロ。カモン　フォローミー！」

　彼はさらっとそう言うと、すたすたと早足で歩き出した。

　フォローって「ついていく」っていう意味だっけ？　てことは今、「オレについてこい」って言ったのか。くぅーっ、かぁっくいいー!!

　私は英語がペラペラな人と話すとき、聞き取れた英単語をむちゃくちゃ想像力を補って翻訳している。その翻訳は、相手によって、シティ風にも田舎風にもコロコロ変わるのだ。私の頭の中の翻訳マシーンが、彼の言葉を自動的に〝イイ男風〟に翻訳し始めた。

　メガネの君は私に、「キミ、シンガポールは初めてなの？」とか「今回はどのくらいの滞在予定？」とか「今夜はどこに泊まるつもりなんだい？」とか、もりもり聞いてくる。

　質問攻めにあった私は、すっかり良い気分だった。ちょっと首をすくめたアクションで、「今日の予定はまだないの」なんて答えたりしていると、なんだか自分がワールドワイドなイイ女にでもなったような気がする。もしかして、私に興味があるのかなぁ。出会いって、結構こういうことだったりするんだよね。だって普通、ホテルのことまで聞くぅ？　これはひょっとしたらひょっとして、インターナショナルなお付き合いを求められているんじゃあ……。


夢見る乙女心を爆発させているうちに、入国カウンターに着いてしまった。

立ち止まった彼は、何か言いたげである。そのうえ少しためらっている様子。くるか？　くるか？　私の期待は、すでに最高潮に達していた。うぐぐっ。もうガマンできない！

「ファーット？　ファット　ユーウォント⁉」

しまった。ウォントって、確かホントはものすごく強いニュアンスの言葉なんだった。きっと私は「あなた何が欲しいの！」なんて言っちゃったんだ。な、なんて単刀直入な。

メガネの君は私の顔をジーッと見つめ、ちょっと言いにくそうに切り出した。

「アーン……。アーユーフローム　オーサカ？」

「えぇっ⁉」

動揺のあまり、日本語になってしまった私。今、確か「オオサカ」って聞こえた気が。

英語が通じなかったと思ったのか、彼は追い打ちをかけるように言う。

「アーユーボーン　イン　オーサカ？」

一回で分かるっちゅうねん‼　もう、ガッカリというよりズッコケてしまう。なんだかものすごく複雑な気持ちになったが、図星だったので、とりあえず私は「イェース！」と明るく答えた。

それにしても、なぜそんなことが分かるんだ？　私は大阪で生まれはしたが、今じゃあ花の都で暮らす、れっきとしたシティガール。「顔に書いてある」なんてよく言うけど、私ってもしかして〝ザ・オオサカ〟って感じの顔なんだろうか。私は、どうやって彼が私を大阪人だと見破ったのか（別に隠しちゃないが）、その決め手となったポイントが聞きたかった。

「ホワイ　ユーノー⁉　マイ・フェイス　イズ　オーサカン・フェイス⁉　マイ・イングリッシュ　イズ　オーサカン・イングリッシュ⁉」

彼はげらげら笑って「イエス、イエス」と言った。そして、私が大阪人であることを確認すると、憑《つ》きものが落ちたようなすっきりした顔になって、「ハブ　ア　ナイス・トラベル。バァーイ！」と言い、笑顔で去っていってしまった。

そ、そんなぁー。こんなのってやり逃げ、じゃない、言い逃げじゃんかー‼

シンガポールの、しかも国際空港で、初対面の人にいきなりお里を言い当てられた私は、頭上にたくさんの「？」を浮かべたまま、その場に呆然《ぼうぜん》と立ち尽くしてしまった。

しかし、いつの間に大阪はこんなに有名になっていたんだろう。ていうか、大阪人のキャラクターって、国際的に認知されているものなのか？　とにかく彼は、「日本人で面白いといえば大阪人」という概念を持っていたようで、私がアメリカンな気分でやっていたオーバーアクトは、どうやら彼の知る典型的な「大阪人」になってしまっていたらしい。シンガポールに着いた途端、私はなんともトホホな気分になってしまった。

飛行機が夕方の便だったので、入国手続きを済ませると夜の11時を回っていた。市内に出るバスを探そうとしたが、空港の中ですら迷子になってしまったことを思い出し、奮発してタクシーに乗ることにした。

ドライバーのおっちゃんは黙々と仕事をこなすタイプの人らしい。ブルースにもらった安宿の地図を渡すと、車内はシーンとしてしまった。空港の雰囲気もそうだったけれど、シンガポールはどうも全体的にキチッとしている国のようだ。

整備の行き届いたハイウェー。道路沿いには等間隔に植えられた木々。遠くの方に見える高層マンション群。延々と同じ形の建物が連なっていて、なんとも無機質な感じがした。まるで、子どもの頃に思い描いていた未来都市みたいだ。

今頃、香港のみんなはどうしているかなぁ。きっと、宿の前にテーブルを出して、お茶なんか飲んでいる頃に違いない。この先、あんなにいい人たちに会える保証なんてどこにもないと思えてきて、心もとなさで胸がはちきれそうになってくる。

ハイウェーを下り、市内を20分ほど走っただろうか。ボロいビルの前にタクシーがつけられた。タクシーのおっちゃんは、ここが地図の場所だと言う。まわりになんにもない、恐ろしく辺鄙《へんぴ》なところだった。おまけに外は真っ暗だから、車からだと何も見えない。間違いだったらまずいと思い、私はおっちゃんに少し待っていてくれるように頼んだ。

薄汚いビルの階段を上がっていくと、突き当たりに重々しい鉄製のドアがあった。おそるおそる、そのドアをノックしてみる。

しばらくして、眠たげな顔の兄ちゃんがドアを半分開けてくれた。どうやら彼はすでに寝ていたようだった。まぁ無理もない。もう夜中の12時過ぎなのだ。

私が「トゥナイト　ワンパーソンOK？」と尋ねると、彼はあくびをしながらも、「イェー、カモーン」と言ってくれたのでホッとした。少々ボロくたって構やしない。ドミトリーは1泊400円と格安だったし、とりあえずシンガポール初日の宿を確保できたのだ。

だが、待たせていたタクシーの勘定を済ませて戻ってきて、一歩、宿に足を踏み入れた私はギョッとしてしまった。ドアを開けた途端、目の前に広がっている場所がすでにドミトリーになっていたからだ。この宿には、ロビーもなければフロントもなかった。およそホテルらしきものが一切見あたらず、ドアの先からいきなり客室になっているという、なんとも荒っぽい造り。

15畳くらいの薄暗い大部屋には、何十人もの人間がゴロゴロと寝ていて、けたたましい音量のイビキがあちらこちらから聞こえてくる。まさに『カエルの歌』の輪唱よろしく、イビキのエンドレス状態だ。

しかも、よく見ると、大の字に寝ころがっているのは全員「男」ではないか!! おまけにクーラーなんかないから、上半身裸の、パンツいっちょの男ばかりなのだ。いろんな男の匂いが混ざり合い、この大部屋一帯に異様なフェロモンがムンムンと立ち込めている。パンツがずれて半ケツしてるヤツから、寝言をむにゃむにゃほざいてる胸毛野郎まで、よくまぁこれだけいろんなタイプの男を揃えたなぁという感じ。や、感心してる場合じゃない。私は〝万国ビックリマンショー〟化しているこの大部屋を見て、頭がクラクラしてきた。

ここで寝ろっていうの⁉ このマッチョマンたちの中で⁉

私はあわてて兄ちゃんに、「他に部屋はないの⁉」と聞いてみたが、彼は「ない。ここだけ」と面倒臭そうに言い放つばかり。

ア然とするが、時すでに遅し。タクシーは行ってしまったし、これからあてもなく宿を探す気力なんて私にはなかった。何より、こんな夜中にあんな寂しい通りでタクシーを待つ方がよっぽど恐ろしい。背に腹はかえられん。今日のところは、この宿に泊まることにしよう。

兄ちゃんに渡された布団セットを持って、今宵《こよい》の寝場所を探しにかかる。フガフガ言いながら爆睡している男たちをまたいで、私はなんとか自分の寝床を確保した。だが、横になっていざ寝ようとしても、緊張はなかなか解けなかった。

眠れぬままコンクリート打ちっぱなしの天井を見上げてぼんやりしていたら、隣のビキニパンツいっちょのマッチョマンがいきなり、

「グァーオーッ!!」

とうなり、私の方にどデカい寝返りを打ってきた。びっくりして思わず、

「ヒャアッ!!」

と声を上げてしまう。

その叫び声で、マッチョマンの目がパッチリと開いた。暗闇の中、マッチョマンの大きな目だけがギラギラと光っている。ヒッ、ヒィーッ!!　全身が一気に凍りつき、私は金縛り状態に陥ってしまった。しばしの間、見つめ合う、私とマッチョマン。

次の瞬間、マッチョマンは私にニカーッと笑ってウインクすると、すぐにまたグースカと寝息をたて始めた。ハァーッ。止まっていた息を吐き出した途端、体中からどっと汗が吹き出す。私はこの5秒間で、5年分の寿命が縮まってしまったような気がした。

しかし、毎日なんていろんなことがあるんだろう。旅では、想像のつかないことばかりが起きる。さっきまで「シンガポールってきっちりしすぎだよな」なんてことを思っていたというのに、今ではなぜか、大勢のセミ・ヌードの男たちに囲まれて眠らんとしている。

横になってしばらくボーッとしていると、次第にこの大部屋の雰囲気にも慣れてくるから

不思議なものだ。ここで寝ている男たちも、みな何かしらの縁があってこの宿にたどり着き、ここで雑魚寝《ざこね》の人となっているのだ。私とて同じく。

こわごわ、隣でイビキをかいているマッチョマンの顔をのぞき込んでみる。

真剣に眠っているマッチョマン。よっぽど疲れているのか、イビキがマジだ。さっきだって目が合ってしまった以上、向こうも笑うしかなかったんだろうなと思う。こっちとしては笑うマッチョマンが怖かったんだけど、今考えると憎めない笑顔だった。

おやすみ、マッチョマン。安心したら、急に眠たくなってきた。明日はどんなことがあるんだろう。イビキの大合唱をＢＧＭにして、私はいつしか深い深い眠りに落ちていった。

翌朝、目が覚めてみると、すでに10時を回っていた。部屋の中はガランとしていて、寝ていたのは私ひとりだった。人がいなくなってから見直してみると、この宿にはソファーも置物も何もないけれど、思っていたよりずっと清潔だったことが分かった。

昨日チェックインしてくれた兄ちゃんが口笛を吹いていて、「グッモーニーン！」と明るく声をかけてくる。なんて平和な朝なんだろう。ゆうべの男たちがまるで夢みたいだ。

「あの、たくさんいた男の人たちはどこに行ったの？」

「もうとっくに出かけたよ。彼らは近くの工事現場で働いてるんだ。でも、工事は今日で終わりだから、みんなチェックアウトしていったよ」

なるほど。どうりで肉体派揃いだったわけだ。

昨夜は寝込みを襲ってしまったこともあり、兄ちゃんは愛想のかけらもなかったけど、今朝の彼は別人のようだった。彼の名前はロッニィ。大きな黒縁メガネをかけている彼は「のび太」顔の中国系シンガポーリアンで、私と同じ学生だった。夏休みなので、ここでバイトしているんだという。ロッニィは単身でこの宿にやって来た私に、今さらながら驚いていた。

「どうしてキミは、ひとりでシンガポールに来たの？」と彼が聞いてくる。

「ずっと、旅をするのが夢だったから」

私がそう答えた途端、ロッニィは妙に張り切りだした。

「ボク、今日は午後から休みだから、シンガポールを案内しようか？」

彼はどうも、私の言葉を「シンガポールに来るのが夢だった」と解釈したらしい。何の予定もなかった私は、喜んで彼の言葉に甘えさせてもらうことにした。

高層ビルが立ち並んでいるシンガポールの中心街をロッニィと歩く。

私はシンガポールの街並みの美しさに目を見張った。建物はモダンでオシャレだし、どこもかしこも、これでもかというくらい整っている。香港も都会といえば都会だったけど、ごちゃごちゃしたカオスが感じられて、もっと街が人間臭かった。

「なんでシンガポールは、こんなにクリーンなの？」と聞くと、ロッニィは言う。

「シンガポールじゃ、ゴミを捨てると法律違反で罰金になるんだよ」

ゴミひとつで罰金⁉　そんな最低限レベルのモラルを法律で規制している国がこの世に存在していたとは驚きだ。お上のヒステリックなまでの「美」の追求。ゴミだけではなく、電車に食べ物を持ち込んではダメとか、他にもいろいろとオキテがあるんだという。

だが、きれい好きはすでに人びとの習慣になっているようだった。街中のマクドナルドには、『ハンバーガー・セットを買うと、もれなく洗剤がついてくる‼』という宣伝文句のポスターがでかでかと掲げてあるではないか。しかも、このサービスは結構、好評らしく、店からは景品の洗剤を嬉しそうに持った人が次から次へと出てくる。キャラクター・グッズならいざ知らず、オマケに洗剤をつけることが「売り」になる国が他にあるだろうか。シンガポール人のきれい好きもここまで徹底していると、それが逆に人間臭く思えてきて、なんだかおかしかった。

ロッニィは夕食に『ホーカーズ・センター』と呼ばれる屋台街に連れていってくれた。

夕暮れどきの屋台街は、家族やカップルたちでにぎわっていて、ざっくばらんないい感じだ。中央の広場には、数十脚の丸いテーブルとイスが固定してあって、そのまわりを屋台がぐるりと取り囲んでいる。多民族国家というお国柄が屋台にも反映されていて、中華風からインド風、マレーシア風に西洋風のものまであった。

食べてみると、これが実にうまい。しかも安い。福建省風ラーメンはコクがあってつるつる入るし、マレー風焼き飯は甘辛くて私好みの味だった。インド風お好み焼きカレーも、見た目より全然イケる。

ロッニィは、喜び勇んで食べている私を見て、嬉しそうに言った。

「シンガポールには、こういうホーカーズ・センターがあちこちにあって、みんなたいていここで食事を済ますんだよ」

「てことは、シンガポール人は、外食ばっかりなんだ」

「ボクんちもだけど共働きの親が多いからね。それでこんなに屋台街が発達したんだよ」

「へぇー。じゃあシンガポールには、おふくろの味ってものは存在しないの？」

「ハハハ、そうだねぇ。ホーカーズ・センターが、みんなのおふくろの味ってとこかな」

うーん、なんて素晴らしいシステムなんだろう。いろんな民族の人がいろんな国のおふくろの味を食べ合える、まさにボーダーレスおふくろ食堂だ。スパイス好きのロッニィは、インドカレーをバクバク食べているし、隣のチャイニーズファミリーは、みんなでマレー料理を囲んでいた。オキテの多いこの国が初めは窮屈だったけど、いろんな民族をひとつにまとめるには、約束事が必要なのかもしれないなと思えてきた。

シンガポールは、慣れてくると快適そのものだった。ロッニィが休みのたびにいろいろ案内してくれたし、食のバリエーションも豊富だから飽きることがなかった。

ある昼下がり、私はホーカーズ・センターでランチを食べていた。大好物になったマレー風の焼きそばと、マレー風焼きとりのサテー、ココナッツミルクのスープに、サトウキビのジュース。宿代にお金をかけない分、買い物をしない分、私は〝食〟の豪華一点主義でいこうと心に決めたのだ。

30代くらいのカップルが席を探していたので、丸テーブルにひとりで座っていた私は、彼らに「どうぞ」と席を勧めた。ふたりはにっこり微笑んで、私と同じテーブルに腰を下ろした。

だんなさんらしき男性の方が声をかけてくる。

「おいしい？　それは全部、マレーシア料理なんだよ」

「マレー料理は、ホントにおいしいですねぇ」

私がそう答えると、女性の方が「よかったら、こっちのも食べてね」とにこやかに勧めてくれた。ひとりだといろんな種類が食べられないのを残念に思っていた私は、遠慮なく頂く

◆決めポーズのロッニィ

ことにした。ふたりはマレーシア生まれの夫婦で、今は仕事の関係でシンガポールに住んでいるのだという。

今度は奥さんが「マレーシアに行ったことはある？」と聞いてくる。私が「いいえ」と答えると、ふたりは揃って「ホワーイ？」のポーズになった。

「せっかくシンガポールまで来たんだから、マレーシアには絶対に行くべきだよ！」

彼らは、マレーシアの物価がシンガポールよりもずっと安いことや、人びともおだやかでのんびりした雰囲気の国だということを教えてくれた。ふたりと話しているうちに、私はだんだんマレーシアに行ってみたくなってきた。ガイドブックを持っていない私にとって、人は何よりのガイドなのだ。こういう良い出会いがあったら、たまには身をまかせてみるのもいいかもしれない。よーし、思い立ったが吉日だ。私はふたりに礼を言って、ホーカーズ・センターを後にした。

宿に帰ると、ロッニィが口笛を吹きながらのんびり帳簿をつけていた。私がマレーシア行きを宣言すると、ロッニィはちっこい目を見開いて大反対しだした。まぁ無理もない。私ときたら昨日の夜だって……。

昨日はひとりで街をふらつき、夕食後にジャッキー・チェンの新作を見てしまったのだ。

最寄りの地下鉄の駅に着いたのは夜の10時過ぎで、まっすぐ帰ればよかったのに、小腹がすいてきたのがまずかった。だいたい私はアクション映画を見ると、無性に腹が減ってしまうタチなのだ。小学生の頃も『ロッキー』を見た途端、町内を走り回ったあげく生卵をガブ飲みしだし、おかんに「頼むからやめてくれ」と泣きつかれたことがあったっけ。こうなったらもう、なんとしても夜食だ、夜食！

やっきになって歩いていたら、運良くまだやっている食堂が見つかった。チキンライスにありついた私は、そろそろ帰ろうと歩き出したのだが、さっきは開いていた店も閉まっていたりして、どうやって歩いてきたのかさっぱり分からなくなってしまった。誰かに道を聞こうにも、こんなときに限って人通りがない。だんだん怖くなってきて、自然と早足になる。行けども行けども、知らない道が続いていた。ど、ど、どうしよう!! 遠くの方にかすかな明かりが見えたので、さっきの食堂だと思って駆けていくと、そこはまた別の食堂だった。どうやらずいぶん遠くまで来てしまったようだ。

食堂のおっちゃんに宿の場所を尋ねてみたが、「聞いたことがない」と言って首を横に振られてしまう。あんな小さな安宿のこと、誰も知っているわけがなかった。なのに、私が覚えていることといえば宿の名前だけで、他に手がかりになるものは何もないのだ。絶体絶命だった。私は一生あの宿にたどり着けないような気がしてきた。ロッニィは、戻ってこない私をどれだけ心配することだろう。

ん？　ロッニィ!?　そうだ、ロッニィの自宅の連絡先は聞いてあったんだ。店のおっちゃんに頼んで、私は彼の家に電話をかけてみることにした。

「ハロー、私の名前はてるこです。ロッニィさんはいますか!?」

「ハーイ、ボクだよ。こんな時間にどうしたんだい？　マッチョマンがたくさんいて、また眠れないのぉ？」

ホッとして腰が砕けそうになってしまった。つまらない冗談を言うロッニィは、いつもの調子でのんきなものだ。

「ロッニィ、聞いて！　今、私、自分がどこにいるのかも分かんないんだよ！　はげたおっちゃんの店から、どうやって宿に帰れるのかを教えて!!」

「えぇ!?　はげのおやじ!?　そんなんじゃボクだって全然分かんないよ。ちょっと店の人に代わって。今、迎えに行くから」

閉店した食堂の前にしゃがみ込み、暗闇の中、ロッニィが来てくれるのを待った。

しばらくして、彼が全速力で自転車をこいで来るのが見えたときには、目頭がジーンと熱くなってしまった。かたじけない!!　のび太似のロッニィが、スーパーマンのクラーク・ケントみたいに見えた。彼がいなかったら、私は本当に路頭に迷うところだったのだ。

「また迷子になったらどうするんだい？　僕だってマレーシアまでは迎えに行けないよ」

宿にさえ帰ってこれない方向オンチな私を、ロッニィは本気で心配していた。

「大丈夫、大丈夫。これからは、宿のカードを持ち歩くの、絶対忘れないから」

彼には悪いが、こんな過保護な環境にいてはイカンと思った。それに、今は何よりこの勢いに身をまかせてみたかったのだ。

「日本に帰る飛行機はシンガポール発だから、またここに帰ってくるよ！」

私はそうロッニイに約束して、宿を飛び出した。


バスターミナルには、各方面行きの長距離バスがズラーッと並んでいた。

さて、どれに乗ろうか。マレーシアに行くといっても、私はマレーシアのどこに行くのかを全然決めていなかったのだ。はっきり言って、行き先なんかどこでもよかった。何も考えずに、来たバスに飛び乗ってみるなんてことを、私は一度でいいからやってみたかったのだ。マレーシア行き自体が予定外のオプションなんだから、どうせなら、自分の動物的なカンにとことん身をゆだねてみよう。

とりあえず夕食どきまでには着きたいと思い、ターミナルのおっちゃんに聞いてみると、

「なら、今、出ようとしている、あのバスに乗りな、急いで！」

と言うので、私はそのバスに向かって猛ダッシュした。バスはすでに動き出していたのだが、私が大きく手を振って「待ってぇー！」と日本語で叫ぶと、ドアを開けて待っていてくれた。こういうときに発する言葉って、何語であろうとちゃんと通じるから不思議だ。

息を切らせてバスに乗り込むと、ドライバーのおっちゃんは運転席の真後ろの空いている席を指差した。私が席に着いたのを確認すると、おっちゃんはすぐにバスを発車させた。よかった、間に合った。で、これっていったいどこ行き？　隣のおじいさんにバスの行き先を尋ねてみるが、英語がまったく通じない。すると、運転中のおっちゃんが愉快そうに笑って、「マラッカ、マラッカ」と教えてくれた。

そうか、私はマラッカというところに向かっているんだ。ひとりで、無計画に、行き当たりばったりで進んでいくこの感じ。知っている人が誰ひとりいない状況で、頼れるのは自分だけなのだ。

車窓から、見慣れた街並みが後ろにビュンビュン流れていく。考えてみれば、バスに乗って国から国へ移動するのも、生まれて初めてのことだった。島国育ちの私には、国境という概念がいまいちピンとこないのだ。言葉では知っていても、実際には知らないことがなんて多いんだろう！　学校の授業では、世界地図を見ながらあーだこーだと教えられるのがあんなに退屈だったっていうのに、今、国境ひとつでこんなにも胸をときめかせている自分がここにいる。

ああ、なんか「動く」のってスゴい！　この旅に出たことも、こうやってバスに揺られていることも、すべては私が動いたことから始まったんだ。人との出会いだって、動くことから始まる。こっちが出向くこともあれば、向こうからやって来ることもある。でも、心が動かされなければ、それは出会いにはならない。ただのすれ違いだ。ジーッとしていたって何も始まらないし、何も変わりはしない。心を動かす、体を動かす、なんでもいい。とにかくいつも、動いていることが大事なんだ。

呼ばれて飛び出てマレーシア

車内のざわつきで目が覚めると、バスは終点のマラッカに着いたところだった。日も暮れて雨が降っているせいか、辺りはなんとも寂しい感じがした。乗客たちが大きな荷物を抱えてバスを降り、それぞれの方向に散っていく。

私がバスを降りた途端、7、8人の男たちがワーッと寄ってきて、あっという間に彼らに取り囲まれてしまった。いったい何事なんだ!? みなが我も我もと必死に訴えてきて、何がなんだか分からない私はビビりまくりだった。

しばらくすると、彼らは安宿の勧誘マンだということが分かってきた。バス停で客を引っかけ、宿に連れて帰るのが彼らの使命らしく、みなが口々に「チープ、チープ!」「ホットシャワー!」と叫ぶものだから、うるさいったらありゃしない。乗客の中で旅行者は私だけだったから、こんな集中攻撃を受けるはめになったようだ。

だんだん降りも激しくなってきて、さっさとどこかに決めてしまいたいんだけれど、私はそう簡単には妥協したくなかった。宿は、旅のキーポイントになるということが分かってきたからだ。この中で誰を選ぶかによって、私の明日が決まるといっても過言ではない。

よーく見回してみると、おっちゃんらに混じってひとり若い青年がいるのに気がついた。浅黒い肌に大きな目。小柄だけど、引き締まった体。年は20歳前後だろうか。どうせなら若い方がいいやと思い、彼に声をかけてみる。

「ユアホテル　ドミトリー、ハウマッチ？」

「オンリー　15マレーシアドル（約750円）」

ゲゲッ。シンガポールより高いではないか。度胸がついて図太くなってきた私は、言い値なんかじゃイヤだった。言うのはタダだ。ここはひとつ、値切ってみよう。

「8ドル　OK？」

試しにシンガポールの宿と同じ値段を言ってみると、彼は必死になって言い返してきた。

「ノーノー!!　オーケー、10ドル！　ベェーリグッドプライス」

ほれみろ、やっぱりふっかけている。いきなり5ドルも下がったのだ。面白くなってきた私は、「ノー」ときっぱり言って、他のおっちゃんらと交渉するフリをしてみた。

すると、兄ちゃんはあわてて私の腕をつかみ、観念したように「オーケー、8ドル」と言った。よしよし、そうこなくっちゃ。でも私はもう迷子だけはゴメンだったから、交通の便も確認しておこうと思い、兄ちゃんに「ホエア　ユアホテル？」と聞いてみた。だが彼は「ニア、ニア」と言って勝手に私の荷物を背負い、さっさと歩き出してしまった。

スコールが降りしきる中、兄ちゃんは陽気に鼻唄を口ずさんでいた。このくらいの雨、雨なんて思ってはいないようだった。それにしても、こんなに気軽についていって大丈夫なんだろうか。彼が宿マンだという証拠はどこにもないのだ。言ってみれば、兄ちゃんはただ、〝手ぶらでバス停にいた男〟でしかない。

ヒェーッ、こぇーっ！　もし彼が宿の人間じゃないとすれば、いったい何者なんだ⁉　という疑惑が頭をよぎる。

でも、待てよ。彼が宿マンでなければ、あんなに真剣に私と値段交渉をするわけがないのだ。疑りすぎるのもよくないけれど、本当に信頼していい人なのかどうか、自分のこの目でよく見て人を判断しなければ。なんといっても、自分の身を守れるのは自分だけなのだ。

さびれた商店街を歩いていると、兄ちゃんが「ここだよ」と言って、ボロい建物の二階を指差した。シャッターの下りた店のわきにある、細い階段を上がっていく。ドアを開けて入ってみると、中は思ったよりも広々としていた。フロントの横は南国風のこぢんまりとしたロビーになっていて、竹細工のテーブルとイスが置いてある。良かった、ちゃんとした宿だ。アットホームな雰囲気だし、なかなか感じもいい。

ドミトリーを見せてもらうと、中にはベッドが10台ほど並べられていた。それぞれのベッドには天井から蚊帳《かや》が掛けられていて、簡易宿泊所という感じだ。またしても男女共用だけど、蚊帳で区切ってあるところが気に入った。今夜はここに泊まることにしよう。

私は兄ちゃんに、簡単なマレー語を教わることにした。普段、私が外国人に道を聞かれたときのことを考えると、「ハロー」と言われるよりは、下手な発音でも「コンニチハ」と話しかけられた方が、相手に親しみを感じるからだ。

私が「『ありがとう』はマレー語でなんて言うの？」と尋ねると、彼は紙にマレー語を書きながら丁寧に説明してくれた。

「マレー語のありがとうは〝トゥリマ・カシ〟って言うんだ。〝トゥリマ〟が受けるを意味していて、〝カシ〟は愛という意味なんだよ」

「ありがとうが〝愛を受ける〟かぁ。いい言葉だね。えーと、どうもトゥリマ・カシ」

私がさっそくマレー語でお礼を言うと、彼は笑顔になって白い歯をのぞかせた。

翌朝、何の予定もなかった私は、宿の兄ちゃんにゆっくりできるような場所があるか聞いてみることにした。ここまで足を伸ばしたんだから、たまにはのんびりするのもいいかと思ったのだ。

「バス停から19番のバスに乗れば、アイル・ケローっていう湖まで行けるよ」

彼は、マラッカの観光マップにアイル・ケローの場所とバス停までの道のりに印をつけて私に渡してくれた。

だが、いざ歩き始めると、私はやっぱり道に迷ってしまうのだった。まず、行きたい場所の方角に地図を動かしてみるのだが、それだと地名が逆さになってしまって字が読めない。地名を読もうとすると、今度は方向が分からなくなる。地図を持ってグルグル回転しているうちに、だんだん頭がクラクラしてきて、もうお手上げだった。

誰かに道を聞くしかない。待てよ、「バスに乗る」って英語でどう言うんだっけ？　英語にはひとつの動詞にいろんな意味があるから、たぶん「ｈａｖｅ」か「ｇｅｔ」か「ｔａｋｅ」あたりが、「乗る」という意味を兼ねているはずだ。確か「テイク・ア・バス」とかいう言い回しは、昔、習った記憶があるぞ。ウン、これだ、これに違いない。

ちょうどインテリ風のおじさんが歩いてきたので私は声をかけてみた。

「エクスキューズミー。ドゥユーノー、ハウトゥ　テイク・ア・バス？」

おじさんは一瞬、たじろいだように見えた。そして、彼は「アンタ、気は確かかね？」という感じで、「バァース⁉」と聞き返してくる。

「イエース。アイウォントゥ、テイク・ア・バース」

私が笑顔でそう答えた途端、おじさんは信じられないという顔になり、何も言わずにそそくさとその場から立ち去ってしまった。え？　なんで？　私、何かまずいことでも言った？　おじさんは、英語が分からない人だったのかなぁ。

向こうから、若い兄ちゃんが歩いてくる。純朴な学生という感じの好青年だ。「エクスキューズミー」と声をかけると、彼は「キャンナイヘルプユー？」と言って立ち止まってくれた。やれやれ、助かった。英語ができる人だ。

おじさんに拒絶されてしまった私は、ワラにもすがるような思いで彼に尋ねた。

「プリーズ　ティーチミー！　ハウトゥ　テイク・ア・バス？」

次の瞬間、兄ちゃんは「まさか⁉」という顔で私を見た。彼の顔が、みるみる耳の端まで真っ赤になっていくのが分かる。兄ちゃんは妙にそわそわしだし、「ソーリー！　アイキャント、アイキャーント‼」と叫びながら足早に走り去ってしまった。

えー⁉　なんでなんで⁉　私の顔に何かついてんのかなぁ。いや、それとも私の顔自体がヘンなのか⁉　でも人が避けていくほどヘンな顔って、いったいどういうこと⁉　こちとら20年もこの顔で生きてきたというのに、なんで今さらこんな目に遭うんだよ‼

作戦を変え、今度は「ホエア　バス・ステーション？」と聞いてみる。すると、すんなり道を教えてもらえるではないか。いったいどういうことだろう。

バス停に着いてしばらくすると、アイル・ケロー行きのバスがやって来たが、そのバスのオンボロ具合には凄《すさ》まじいものがあった。バスの表面のペンキはほとんどはげていたし、座席の布も破れまくっていて、相当な年季の入りようなのだ。

バスが走りだして、私はまたまた驚いてしまった。なんと、前方のドアが閉まっていないのだ。バッタンバッタン激しい音を立てて、閉まったり開いたりしているドア。しかもこんな非常事態だというのに、乗客たちはみな平然としたものだった。ドアが開いていようがなかろうが、そんなこと全然、気にしちゃいないらしい。こうなってくると、ドアは閉まっているものだと思い込んでいるこっちの方がおかしいのかもしれない、という気にさえなってくる。

田舎の小さな農村をいくつも通り過ぎた。道が舗装されていないものだから、バスの揺れはますます増し、のどかな田園風景と、ドアの立てる音とのギャップの激しいことといったらない。開け放たれたドアから、風がビュウビュウと吹き込んでくる。

ガッタン、ドッタン、バタバターン。ガッタン、ドッタン、バタバターン。

バスの揺れに身をまかせていると、次第にバスの揺れ具合とスピード感が体にフィットしてきて、なんだか爽快な気分になってきた。

バスは、道端で人が手をあげていると、標識のないところにも停まって人を乗せていった。乗客の中には、ドライバーに「その先で停まって、ここよ、ここ！」などと細かい注文をつけ、降りたい場所を指定して悠々とバスを降りていくおばちゃんもいた。どうもバスが通る道は、そのすべてがバス停になっているようだ。

そのうちバスは満員になってきて、私は、相当後ろの方まで押されてしまった。アイル・ケローでちゃんと降りられるのか、だんだん不安になってくる。まわりの乗客たちに地図を見せて尋ねてみるが、みな英語がまったくできないらしく、首を横に振るばかりなのだ。

またしてもバスが停まり、人がドヤドヤと乗り込んできた。すると、まわりの人たちが私に、マレー語でギャーギャーと騒ぎ立て始めた。いったいなんなんだ⁉　私が「アイル・ケロー？」と聞いても、彼らは口々に「イヤ！　イヤ！」と叫んでいる。ヤなのはこっちのセリフだよ、と思って呆然《ぼうぜん》としていると、無愛想な顔つきのおっちゃんが前の方の乗客たちに何やら叫んで、私の背中を前へと押し出した。

私がおっちゃんに「アイル・ケロー？」と尋ねると、彼は、

「ヤー、ヤー！　アイル・ケロー、アイル・ケロー‼」

と言ってくれた。そうか、マレー語の〝ヤ〟は〝はい〟だったのか！

おっちゃんの鶴のひと声で、私はあれよあれよという間に押し出してもらえて、無事バスを降りることができた。走り去るバスに手を振ると、窓際の人たちが笑顔で大きく手を振り返してくれる。くぅーっ。なんて気持ちのいい人たちなんだろう。

アイル・ケロー湖に着いてみると、平日のせいか他に人もおらず、貸し切り状態だった。湖畔にはココナッツの木がたくさん植えられている。のどかな雰囲気の場所だなぁ。

さぁ、ゆっくりしようと横になってみるが、そのうち手持ち無沙汰になってきて、のんびりしているのに飽きてしまった。確かにいいところだけど、やっぱり人がいないとつまらなかったのだ。

旅をしていて、長い間、誰とも話すキッカケがないと、なんだか自分がひとりぼっちになってしまったような気持ちになることがある。そんなとき、仲良くなれそうな人に出会って、いきなり目の前がパーッと開けたような気分になる、あのわくわくする感じがたまらないのだ。今回の旅がツアーだったり、友だちと一緒だったりしたら、現地の人や他の旅行者たちと話すチャンスはもっと少なかっただろうと思う。いつもそばに話し相手がいると、孤独を感じることがない。私はひとりだからこそ、人との出会いを求めていたことにようやく気がついた。

宿に戻ってきた頃には、すっかり日が暮れていた。

ドミトリーのベッドに横になってくつろいでいると、誰かが部屋に入ってきた音がした。

蚊帳からのぞいてみると、白いランニングを着た東洋人の男の子が荷造りをしているのが見えた。彼は私に気づくと、日に焼けた顔から白い歯をのぞかせて「コンチハー」と明るく声をかけてきた。日本人だったのだ。

彼は米増くんといい、同志社大の3年で私と同い年だった。2か月の旅を終え、明日の夜には首都、クアラ・ルンプールに戻るのだという。

「どのへんをまわってきたの？」と私は聞いてみた。

「俺は、マレーシア経由でイスタンブールに飛んで、それからトルコ、ギリシャ、ブルガリア、ユーゴスラビア、オーストリア、チェコ、ハンガリーをまわってきたんだ」

キリッとした一重まぶたの目が笑うと線になる。彼は『未来少年コナン』を思わせる人だった。お互い、久しぶりに会った日本人だったこともあって話が弾む。

私は気になっていた昼間の件のことを彼に聞いてみた。

「今日、バスに乗りたくてな。道を聞いたんやけど、みんなに逃げられてさぁ」

「逃げられた？　なんて言うて話しかけたんや？」

「いや、ほんまにフツーよ。『ドゥユーノー、ハウトゥ　テイク・ア・バス？』って言うたんやけどな」

話の途中だというのに、彼はブハッと吹き出した。

「なになに？　やっぱり、なんかヘンなこと言うてた⁉」

私は彼に詰め寄った。

「笑かすヤツやなぁ。『テイク・ア・バス』って言うたら『風呂に入る』って意味やぞ」

彼は、腹がよじれんばかりにヒーヒー笑いながら言う。

「通りすがりによ、若い女が血相変えて『フロ‼　フロ‼』なんて言いだしたら、挙動不審もいいとこだよ。そりゃ誰だって、逃げ出したくもなるって」

「えぇーっ！　もうマジで、穴があったら入りたいよー！」

私は穴に入りたいどころか、穴にふたして、一生、外に出てきたくない気分になってしまった。

「んなこと、寝て忘れちゃえよ。昔から、旅の恥はかき捨てって言うだろ」

彼にそう言われると、なんだかいつまでもウジウジしていること自体がアホらしくなってきた。夜も更けてきたので、私たちは明日一緒に食事する約束をして、それぞれの寝床に入った。

翌朝は快晴だった。常夏の強い日差しがまぶしい。米増くんはまだ気持ち良さそうに寝ていたので、私はロビーで待っていることにした。

しばらくして、ロビーにやって来た米増くんは、グレーのランニングにカーキ色の綿パン姿で、旅慣れたふうのいでたちがいい感じにキマっていた。なのに私の恰好《かっこう》といえば、例によって〝一番Tシャツ〟。昨日は香港で買ったTシャツを着ていたけど、毎日の洗濯で否が応でも、一番Tシャツの出番は回ってきてしまうのだ。ナイスガイが、どうかこの『一番』の文字に気づきませんように！

が、彼は私を見て、無情にも言った。

「うっわぁー！　またナイスなTシャツ着とんなぁ」

「…………」

全人格を否定されたような気分だった。どうも人はこのTシャツを見ると、ひとこと言わずにはいられなくなるらしい。このTシャツを着ている限り、私には旅先でのアバンチュールなんてあり得ないんじゃないかと思えてくる。

私は気を取り直し、強がって言った。

「いやぁ、初めての海外だったんだけど、このTシャツのおかげでみんなに構ってもらえて、退屈しなくていいんだよねー」

「海外、初めてなんか？　女でひとりだから、もう何度も来てんのかと思ったよ」

初めてじゃなきゃ、誰がこんなTシャツ着てくるかっつうの！

宿の兄ちゃんに地元のうまい店を教えてもらった私たちは、少し早いランチを食べに行くことにした。

米増くんは土地カンがあるらしく、街を歩いていても地図をほとんど見なかった。

「どうやったら、そんなに方向感覚が身につくものなの？」と聞いてみる。

「街をずーっと歩いてるやろ。そしたらジグソーパズルが埋まってくみたいに、自然と頭の中に地図が出来ていくんだよなぁ」

アンビリーバブーな世界だった。だいたい私は引っ越しすると、1か月は自分の家に帰るのも迷ってしまうほどの方向オンチなのだ。そう思うと、こんな私にもひとり旅ができていることと自体、すごいことのような気がしてくる。

旅に出て以来、私は一日に何十回、人に道を聞いていることだろう。道を尋ねると、どんな人もたいてい立ち止まってくれるものだ。地図を描いて説明してくれる人もいれば、行きたい場所まで連れていってくれる人もいた。道を教えてもらったお礼を言うと、向こうも「いやぁ良かった、良かった」という感じの顔になっていて、お互い笑顔で手を振り合って別れるときの、さわやかな気分といったらなかった。私は方向オンチな分、かえって現地のいろんな人と話ができるのかもしれない。そんなふうに考えると、自分がなんだか得しているような気さえしてくるのだった。すべてを「好意的に誤解」してしまうことが、毎日を楽しく乗り切るポイントになるような気がした。

米増くんのおかげで、宿の兄ちゃんがオススメしてくれた店はすぐに分かった。

中に入ってみると、兄ちゃんが太鼓判を押していただけあって、どのテーブルも地元の人たちでにぎわっている。

まわりで楽しそうに食事している人たちを見渡しながら、米増くんが言う。

「オレも東欧でいろいろ名所を見たけど、やっぱり人が一番面白いよな」

「ホント、旅って、どこに行くかより、どんな人に、出会えるかだよね」

私もそう答えつつ、彼と偶然マラッカで出会って、こうやって食事をしていることに、出会いの面白さを感じずにはいられなかった。旅先で出会う人はみな、タイミングがひとつでもずれていたら、絶対出会えなかった人だからだ。

お互い違う国を旅してきたというのに、旅先で感じたことが似ていて話が尽きなかった。

「どんな人が一番、印象に残ってる？」と彼に聞いてみた。

「ギリシャの安宿で、ヒッピーみたいなヤツと知り合ったんだ。髪がボサボサに伸びまくってて、痩《や》せててさ。俺、初めそいつのこと、キリストじゃないかと思ったよ」

「あぁ分かる、分かる。西洋人の堂に入《い》ったバックパッカーって、小汚いんだけど、そこがまた、教えを説いて回ったキリスト風なんだよね」

「おう。で、のんびりした街でヒマだからよ、毎日、海に行くんだ。泳いだり、犬と遊んだり、日が落ちるのを一緒に眺めたりしてさ。そいつ英語がダメなんだけど、お互いちゃんと通じ合ってる感じがしてよ。すげー平和で、なんか良かったんだよなぁ」

人の旅の話を聞いていると、旅のスタイルは本当に人それぞれだなと思う。ブランド物でスーツケースを満タンにするのが目的の人もいれば、グルメ三昧《ざんまい》の日々を送るのに情熱を燃やす人もいる。誰がどんな思いで旅に出るかで、得られるものが全然違ってくるのだ。

私も将来、体が弱くなったり、すごい金持ちになったりしたら、高級ホテルに泊まるような豪華な旅行しかできなくなるのかもしれない。そうなると、旅のスタイルから出会う人のタイプまで、旅の中身は激変することだろう。今の旅は、今の私にしかできないものなのだと思うと、旅はその時々の自分を映し出す鏡になるような気がした。

米増くんとマラッカの街を散策しているうちに、だんだん日が暮れてきた。彼が今夜乗るバスのチケットを買いに行くというので、私も付き合うことにする。

長距離バスのターミナルは、行く人、着く人でごった返していた。行き交う人をぼんやり眺めていたら、なんだか私も無性にどこかに行きたくなってきた。懐具合を考えるとそろそろシンガポールに戻らなければとも思うが、どうせ帰るのであれば、行きとは違うルートにしてみたかったのだ。

チケット売り場の人に尋ねてみると、タイピンという街に行けば、シンガポールまで行くマレー鉄道が通っているという話だった。タイピン行きの最終バスにも、今ならまだ間に合う。勢いづいた私は、今夜のバスでタイピンに向かうことに決めてしまった。そうとなると、出発まであと1時間しかない。私たちは急いで宿に戻って荷物をまとめ、チェックアウトを済ませた。

米増くんは、タイピン行きのバスの前まで見送りにきてくれた。ちょっと照れ臭そうにバスの発車を待っている彼も、30分後にはクアラ・ルンプール行きのバスに乗ることになる。バスに乗り込んで窓から手を振っていると、私も彼を見送っているような気持ちになった。彼とは昨日知り合ったばかりだというのに、なんだかとてもさみしい。

旅で流れる時間は、どうしてこんなに濃密で切ないんだろう。一日の長さは同じだというのに、日常から切り取られた時間は、密度がギュッと詰まっているような気がする。人と出会った途端、心のどこかで別れも意識しているから、お互い、一緒にいられる時間をより大切にするせいだろうか。

バスが走り始めると、車窓から夕焼けが見えた。赤やオレンジに染まった空が、少しずつ色合いを変えていく。そこにゆっくりと、淡い紺色が混じり始めた。自然の創りだす色合いに、私はただただ見とれていた。夕焼けなんか、もうずいぶん長い間まともに見ていなかったような気がした。こうやって移りゆく景色を眺めていると、いつの間にか自分の心の奥底をのぞき込んでいるような気分になる。心に思い浮かぶことはあっても、それを話す人が隣にいないからなのかもしれない。

ひとつひとつの選択が新たな出会いにつながって、次の旅先がおのずと決まっていくことの不思議さを、私は感じずにはいられなかった。

おととい、シンガポールの屋台街でカップルとお昼を食べたこと。彼らにマレーシア行きを勧められてマレーシアに行ってみたくなり、マラッカ行きのバスに飛び乗ったこと。たくさんの勧誘マンの中から、あの兄ちゃんの宿を選んだこと。その安宿のドミトリーで、ちょうど会いたかったような同い年の旅行者に出会えたこと。そして今、バスでタイピンに向かっていること。

知らず知らずのうちに私は、何もかも自分で決めて動いている。自分の人生をこの手でつかんでいるような気がした。食べたい物も、泊まりたい宿も、仲良くなりたい人も、行きたい場所も、目的地に向かう方法も、すべては私の選択にゆだねられているのだ。

行きあたりばったり旅のとりこ

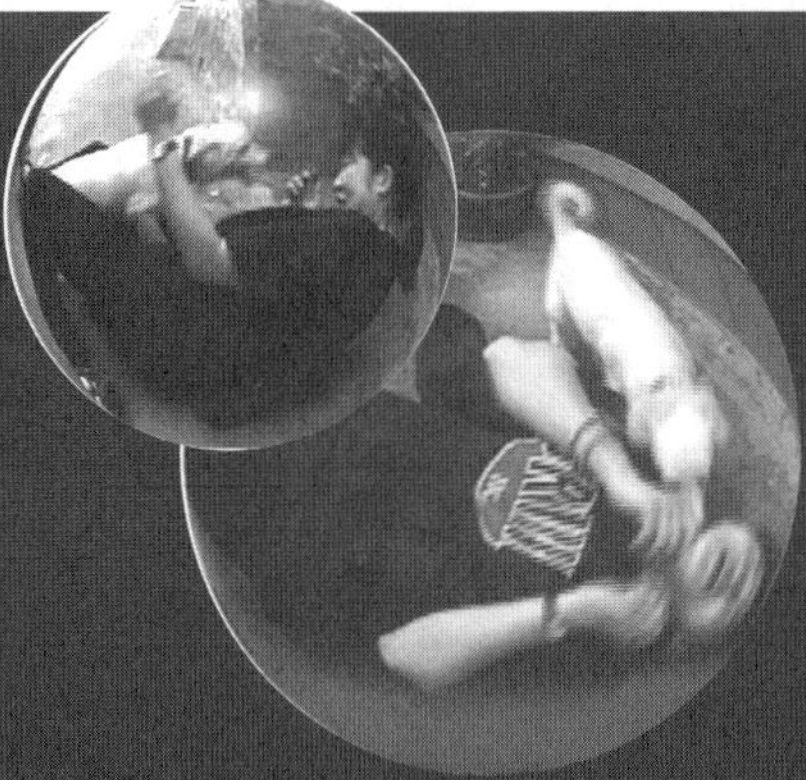

恐怖のナイトドライブ

1時間もしないうちに、バスはタイピンに着いた。

バスから降りたその場所は、鉄道が通っているとは信じ難い田舎町だった。見渡す限りまわりには何もない。まだ夜の7時過ぎだというのに、辺りはもう真っ暗で、星がやけにきれいに見えた。

とにかく、あるはずの鉄道の駅を探すことにした。ここよりは街らしいところに違いないし、きっと駅の近くなら宿も見つかるだろう。

ちょうど向こうの方からおじいさんが歩いてきたので、私は走り寄って道を尋ねてみた。

「鉄道の駅はどこですか？」

おじいさんは英語がまったくできないらしく、顔をしかめて首を横に振った。こうなりゃ身ぶり手ぶりしかない。私は汽笛を真似て「ポーッ！」と叫び、〝駅で列車に乗るところ〟と題したパントマイムをやってみたのだが、おじいさんは「お前さん、何をやっとるんじゃ？」という顔つきで、あっけにとられている。が、差し迫った思いだけは伝わったようで、彼もその場から立ち去ろうとはしなかった。

ウーン、このままじいさんと見つめ合っててもなぁ。私は、香港で英語が通じないとき漢字で筆談していたことを思い出し、地面に絵を描いてみることにした。棒きれで、四角い長方形の中に正方形の小さな窓をいくつか描き、その下に魚の骨みたいなレールをつけてみる。なんだか幼稚園児が描いたものよりひどそうな絵だ。

「アー、アー」

おじいさんがうなずく。列車だということを分かってくれたらしい。なんでもやってみるものだ。彼は駅の方向を指差し、ずっと向こうの方だと教えてくれた。

おじいさんに言われたとおり30分ほど歩くと、ようやく駅らしきところにたどり着いた。

だが、様子がおかしい。ホームの電灯は消えていて真っ暗だし、人っ子ひとりいないのだ。宿の場所を聞こうにも、駅員の姿さえ見当たらない。私はなんだかドッと疲れが出てしまった。タイピンには何日か泊まるつもりでいたけれど、そろそろ帰り頃なのかもしれないと思えてきた。もう新学期だって始まっているし、いつまでも学校をサボっているわけにもいかない。お金だって底をつきかけているのだ。いろいろ考えていると、私はだんだん弱気になってきた。

しばらく構内をうろついていると、小さな黒板のようなものに手描き文字で書かれている時刻表を見つけた。アジアの国は夜行列車が多いと聞いたことがある。だったら今日の夜行に乗ってしまおうかと思い、シンガポール行きの時刻表を見ると、最終はなんと夜の12時半発になっていた。そうか、だから人がいないのか。宿を探そうにも、こんなに寂しい場所ですぐに見つかるとは思えなかった。どうやら列車を待つしかなさそうだ。他に選択肢は思いつかなかった。

ホームがあまりにも暗いので、駅のそばの小さな街灯の下に腰を下ろす。辺りはやけに静かで寂しい限りだ。おおい繁る木々がサワサワと音を立てていた。どこからか、犬の遠吠えが聞こえてくる。街灯の明かりは私のまわりを照らすのがやっとで、10メートルほど離れた場所はほとんど暗闇状態なのだ。暗いってこんなに恐しいものだったとは……。もう、本能的に怖いのだ。そういう意味じゃ都会より、田舎の方がよっぽど恐ろしく感じられた。私はなんでこんなところに、ひとりでしゃがみ込んでいるんだろう。まるで、子どもの頃、鬼ごっこで誰にも見つけてもらえなかったときのような気分だった。

ときおり、目の前の道を村人が通り過ぎていく。若い兄ちゃんたちが、現地の言葉で笑いながら声をかけてきたりもする。その声は、なんだか私をからかっているようにも聞こえた。辺りがあまりにも暗くて、彼らがどんな表情なのかまったく分からないせいで、こんなふうに感じてしまうのだろうか。どんな人が声をかけてきても不安で不安で、私は誰とも言葉を交わそうとはしなかった。もう少しの辛抱だ。5時間後には、私は車中の人になれる。

ようやく1時間がたった。楽しい時はあっという間に過ぎるのに、どうしてこういう時間はのろのろとしか過ぎないんだろう。

そのとき、1台のバイクが私の前を通り過ぎていった、と思ったら、そのバイクがものスゴい勢いでUターンして引き返してきた。バイクはなぜか私の目の前で止まり、背の高い兄ちゃんがダッと降りてきたかと思うと、彼は私に向かって激しい口調で言い放った。

「アナタ！　ソコデ　ナニシテル!!」

なんと日本語ではないか。どういうこと？　こんなところに、なんで日本語を話せる人間がいるんだ。怪しい。怪しすぎる。いったいこの男、何者なんだ!?

「アー、ウェイティング　トレイン」

つい英語で答えてしまうが、彼は厳しい顔つきのままだった。どうやら片言の日本語は話せても、英語の方はダメらしい。しかたなく、私も彼のニホン語に合わせてみる。

「ワタシ　レッシャ　マッテル。ヨルノ　レッシャ　マッテルヨ」

すると、兄ちゃんはますます険しい形相になった。

「アーッ、オンナ　ヒトツ！　オンナ　ヒトツ！」

へ？　女がひとり？　そんなこと、見れば分かる。もしかして、この男は人さらい⁉　そう思うと、彼の鋭い目つきはまさにハンターのそれ。私を品定めしているんじゃなかろうか。ヒィーッ。私なんか売りもんにならないってば。私は必死で腹をつまみ、自分のデブり具合をアピールしてみたが、兄ちゃんは至って無表情だった。

言葉が通じないもどかしさで必死になっている私を彼はジィーッと冷静に見つめ、何かを決心したようにうなずくと強い口調で言い放った。

「マッテロ‼」

それだけ言い残すと、彼はバイクをブルンブルンいわせて夜の闇の中に消えていった。

なんだぁ？　あの男。なんにしても、ヘンな兄ちゃんがどこかに行ってくれて、私はホッとしていた。でも、兄ちゃんの残した言葉が気がかりだ。待ってろ？　そんなこと言われなくても、私はさっきからずっとここで待っているのだ。しかし、彼が「マッテロ」という日本語を正しく使っていたとしたら、またここに戻ってくるってこと⁉　ひぇーっ、おっかないよぉー‼　彼の言葉にビビりつつも、行くあてのない私はそこから動くことができなかった。

30分ほどたって、ボロい車が私の前につけられた。その車から、さっきの兄ちゃんが勢いよく降りてくる。なんで⁉　デブだって言ってんのに、もしかしてデブ専⁉　そのうえなんでバイクから車になってるんだ⁉　乗り物チェンジから謎のニホン語まで、さっきからこの兄ちゃんの言動はわけの分からないことばかりだ。

彼は私の前にすっくと立ちはだかり、ちょっと怒ったような顔で車を指した。

「ノレッ‼」

な、なんなんだ、やぶからぼうにっ。しかも、「乗れ！」とか「待ってろ！」とか、なんでこの人の言葉は全部が全部、命令調なんだ⁉

彼の顔をしげしげと見る。愛想はないんだけど、真面目そうな顔立ち。どうも悪い人ではなさそうだ。でも、と私は思った。ワイドショーなんかで、殺人犯の近所に住んでいた人がインタビューを受けたときに、決まってこう言うではないか。「いやー、真面目そうないい人でしたよ。とても人を殺すような人には見えなかったけど……」。そりゃそうだ。普段から〝人を殺そうとしてる雰囲気〟を漂わせた人なんて、そうそうお目にかかれるもんじゃない。

私がグズグズしていると、彼は追い打ちをかけるように言った。

「アナタ、ノレ‼」

ど、ど、どうすればいいんだ。いつか私は、自分の好奇心で自分の身を滅ぼす日が来るかもしらんとは思っていたけれど、いったい神は私にどうしろというんだ⁉　今までの経験からいって、49対51の比率で「この人は大丈夫だろう」という確信の方が勝っている。あぁもう、成り行きに身をまかせてみたいという気持ちを抑えることができない。こうなれば、自分の人を見る目を信じるしかなかった。どんなことになろうとも、自分の身は自分で守ってみせる。ヤバいことになったら、車から飛び降りてしまえばいい。ハイリスク・ハイリターンだ。ええいままよ、乗ってしまえっ。

「オーケー」と言ってうなずくと、兄ちゃんは私のリュックを車のトランクに入れてしまった。手ぶらでなんとも心もとないまま、私は助手席に座った。

車が走り始めると、街灯はすぐに途絶え、明かりは車のヘッドライトだけになった。道が舗装されていないから、車はガッタンガッタンと激しい揺れようだ。

兄ちゃんは終始、無言だった。シーンと静まり返った車内に、張り詰めた空気が流れる。いや、気が張っているのは、どうも私だけのようだった。さっきから彼は顔色ひとつ変えず、黙々と運転しているのだ。だが関西人の私にとって、沈黙ほど恐ろしいものはなかった。ウンともスンとも言わないなんて言うけど、もうウンでもスンでもいい、何か言ってほしい。でも彼にしてみれば、日本語のボキャブラリーが少なくて、話しようがないのかもしれなかった。

気がつくと、車は山道を走っていた。しかも、どんどん山奥に入っているようなのだ。走り始めてから、かれこれ20分はたっているはず。私はどこに連れていかれようとしているんだろう。だんだん不安が募ってくる。人を車に乗せといて、強盗というわけでもないだろう。それに、所持金わずか数千円の私から、いったい何を奪えるというんだ⁉

レイプ⁉　レイプ⁉　彼に聞いてみたかったが、そんなこと聞けるわけがなかった。第一、相手は〝ニホン語〟しか通じないのだ。じゃあ得意のボディランゲージでいくか？　ってバカッ、そんな身振り手振りをやったら、カモーンのサインと誤解される危険があるではないか。

もしかしたら、彼はいい人かもしれないのだ。いや、いい人だと信じたからこそ、私はこの車に乗っているんじゃないか。

そう、今の私は小さな親善大使のようなものなのだ。旅ではいろんな国の人と出会うことになる。感じのいい人に会うと、その人の出身の国にグッと好感を持つし、逆にヤな感じの人に会うと、その国のイメージはガタ落ちだ。私と会ったよその国の人もみな、私を通して日本を感じていることを思うと、失礼な振る舞いなどもってのほかであり、私は恐怖におののきながらも必死にフレンドリーな笑顔をキープした。

車がだだっ広い原っぱに入っていく。こんなところでできることなんて、ただひとつだ。もしかして、このスマイルがOKのサインにとられたのでは……。もう心臓がバクバクしてきて、口から出てきそうになる。息も絶え絶えになるほど緊張してきた私は、キキーッというブレーキの音を聞いて反射的に目をつぶってしまった。

おそるおそる目を開けてみると、まわりには小さな家が数軒あって、ぽつぽつと明かりが灯《とも》っていた。どこかで赤ちゃんの泣きじゃくる声がする。どうやら、この辺りは小さな集落のようだった。

車を降りた彼が、長屋のような家の前から手招きしている。玄関は開きっ放しになっていて、中からおかっぱ頭の小さな女の子が出てきた。その子を見た途端、ピーンと張り詰めていた気持ちがふわーっと解けたような気がした。どうもここは彼の家らしい。やっぱり彼はいい人だったんだ。

家の中に、「スラマッ・プタン（こんにちは）」と言いながら入っていく。

私の言葉を聞いた途端、彼は目を見開いて驚いた。

「キャンユースピーク　マレーシアン・ランゲージ⁉」

驚きたいのはこっちの方だ。

「キャンユースピーク　イングリッシュ⁉」

彼が英語ができないと思い込んでいたのは、私の早とちりだったようだ。英語ができるとなれば、聞きたいことは山ほどある。彼の名前はモハメッド。年は28歳。3年前に富山の工場に出稼ぎに行ったことがあって、片言の日本語が話せるんだという。

私は彼に尋ねた。

「なんで私に英語で話しかけなかったの？」

「日本に行ったとき、日本人は英語で話しかけると逃げちゃうんだ。だから、日本人は英語が怖いのかと思って」

確かに私もこないだまでは怖かった。

「でも、どうして私を家に連れてきてくれたの？」

「女の子がひとりであんなところにいたら、危ないと思ったんだよ」

それであんなに険しい顔で「オンナ、ヒトツ」って言ってたのか。モハメッドは、とても生真面目な人だったのだ。彼はバイクでは私がかわいそうだと思って（確かにあのデコボコ道だ）、いったん村に戻り、いとこに車を借りて迎えに来てくれたのだという。

居間では家族が寝ころんで、むちゃくちゃ映りの悪い白黒テレビを見ていた。客が来たからといって、彼らは私に目もくれない。普段、よそのお宅にお邪魔したとき、「どうぞお構いなくぅ」なんてことを言うけど、そんなこと言う前から全然お構いなしなのだった。モハメッドはモハメッドで「まぁこの辺でくつろいでて」と言い残すと、居間に私を置き去りにして外に出ていってしまった。

私は別に招待されたわけでもなく、ただ単に、駅は暗くて危ないからという理由でここに連れてこられたようだった。こういうアッケラカンとした感じって、東南アジア特有のものなんだろうか。それとも個人差なんだろうか。なんにしても、現地の人の家に上がらせてもらうなんてことは滅多にあることじゃない。せっかくお呼ばれしたんだから、私はなんとか家族とコミュニケーションを図りたいと思った。このまま話もしないのでは、あまりにも寂しすぎる。

だが、どうもモハメッド以外は、英語がまったく通じないようなのだ。話しかけてみても「ウーン、分からない」という顔をされてしまう。そうか、向こうもどうしていいのか分からないんだ。よっしゃ、こうなったらボディランゲージでいくしかない。

私は、さっき玄関で会ったモハメッドの妹と、寝ころんでいた弟に、簡単な手品をやってみせた。子どもの頃流行《はや》った、親指が切れたように見えるというやつだ。ふたりともまだ小学校の低学年ぐらいの年頃なので、キャッキャ、キャッキャと無邪気に喜んでくれる。

すっかり勢いづいた私は、キツネの影絵から指音鳴らしまで、知っている限りの小ネタを披露していった。ふたりは手を叩いて嬉しがり、弟のほうは「じゃあこれできる？」という感じで、舌を手で押し上げて鼻にのっけてくる。私も負けずに、手を使わないで鼻の頭ナメをやってみせた。私が勝ち誇ったポーズをすると、彼は相当悔しかったらしい。今度はむきになって、口と目を破けんばかりに引っ張りだした。もうその必死な感じがおかしくて、私と妹は笑い転げてしまった。どこの国の子どもも変わらないもんだなと思う。そのうち、お父さんと中学生くらいの妹もやって来て、その輪に加わって大笑いしだした。

みんなで「ヘンな顔大会」をやって盛り上がっていると、モハメッドが男の人をふたり連れて戻ってきた。車を貸してくれた彼のいとこたちだという。居間がいきなりにぎやかになった。お母さんは私に、どぎついショッキングピンク色の炭酸ジュースを持ってきてくれた。飲んでみると、ものすごい甘さだ。しかも超まずい。

「ワーォッ！　トゥースィート!!」

私が顔全体の筋肉で顔を収縮させ、その甘さを表現すると、みんなはゲラゲラ笑った。私のリアクションに大受けしたお父さんはお母さんになにか言い、今度は赤いソースとキュウリの輪切りが持ってこられた。お父さんがキュウリにそのソースをつけ、私に勧めてくれる。思い切って口に入れてみると、クァーッ、かっ、辛い。口から火が出そうになる。

「トゥーッ　ホット！　ファイヤー、ファイヤー!!」

私は思い切り顔をしかめて喉《のど》を押さえ、大げさにのたうち回った。またしても大爆笑の嵐だ。モハメッドも嬉しそうに「火が出そうだって」なーんて通訳している。

気がつくと、8畳ほどの居間に十数人がひしめき合っていた。あれ、ここんちってこんなに大家族だっけ？　モハメッドに「誰？」と聞くと、近所の人たちだという。しかも、笑い声を聞きつけてやって来たというから驚きだ。普通、笑い声が聞こえたからって、人の家まで上がってくるかぁ？　なんだかこういうノリって、昔の日本みたいだ。イメージでしか知らない昔の日本に、国境を越えてタイムスリップしたような気分になってくる。

今度はモハメッドが通訳になり、私は質問攻めに遭った。

「日本のどこに住んでるんだ？」

「東京。でも生まれは大阪で、大学に通うために家を出て、今はひとり暮らし」

オー、トーキョー。みんながうなずく。やっぱり首都は有名らしい。

「どんなところに住んでるの？」

「小さなアパートで、ウサギ小屋みたいに狭いよ」

「家賃はいくら？」

「えーと、1100マレーシアドル（約5万5千円）くらいかなぁ」

途端にどよめきが起こる。イカン、すごい金持ちと勘違いされてしまう。私は、東京は物価が高いから、なんでもかんでも高いんだと懸命に説明した。すると、さっきから興味津々に質問してくるおっちゃんが私の腕をとり、何やら深く感心している。おっちゃんがみんなに私の腕を見せ、ペラペラとまくしたてた途端、ざわめきが大きくなった。

「なになに⁉　訳して」

私が聞くと、モハメッドが笑いをこらえて言う。

「キミの腕の数字を見て、これは入れ墨に違いないって言ってるんだよ」

ハッと腕に目をやると、買い物のやりとり中に書いた数字が、左の腕に残ったままになっていた。旅をしていると紙が貴重になってくるし、私は面倒臭がりなので、ついつい値切るときには腕に数字を書いて交渉するのがクセになっていたのだ。

私があわてて否定しようとすると、おっちゃんはまたしても深くうなずき、みなに演説をぶっている。まずい、このおっちゃんを暴走させては‼

「なに⁉　おっちゃん、今度はなんて言ってんの？」

「日本は経済大国だから、どうりで入れ墨も数字なはずだって」

ゲゲー‼　んなワケないっしょ、おっちゃん‼　このままでは、自分のイメージまでエコノミックアニマルになってしまうと思った私は、仕切りたがり屋のおっちゃんに、「これは買い物で値切ったときのメモなんだ」と必死に説明した。みんなはおっちゃんの早とちりに大笑いし、さすがのおっちゃんも頭をかいて照れていた。

モハメッドの家は開きっぱなしになっているものだから、人が次から次へと押し寄せてきた。話に夢中になっている間に、近所の人たちが料理を持ち寄ってくれたらしい。お母さんは床に大きなピンク色の布を敷き、皿を並べて食事のセッティングを始めていた。みんなはもう夕食を食べたあとだというのに、私のためだけにホームパーティーを開いてくれようというのだ。

「マレー料理は大好きだし、みんなの気持ちがホントに嬉しいよ！」

私のはしゃぎぶりを見て、モハメッドも嬉しそうだった。

「てるこは、マレーシアで何が一番おいしかった？」

「なんでもおいしいけど、やっぱりサテー（焼きとり）が一番かなぁ」

「きみもサテーが好きなの？　僕も大好物なんだよ」

モハメッドはそう言って優しく微笑んだ。さっき駅で出会ったときとはもう、別人みたいだった。

布の上にずらりと料理が並べられる。マレー料理は結構食べたつもりでいたけど、食べたことのないものばかりだ。魚入りカレーは甘辛くて後を引くうまさだし、鳥や野菜が入った具だくさんのスープはさっぱりしたいい味。バナナの葉に包まれた白身の魚は、スパイシーで絶妙な味付けだ。考えてみれば日本だって、レストランで食べる和食と家で食べる家庭料理は、全然別ものだ。やっぱり家庭料理は奥が深いなと思う。

私はひとつひとつの料理の味を嚙《か》みしめ、「これは何？」「どうやって作るの？」とあれこれ聞いた。ひとつ質問すると、みながあーだこーだと説明し、10人が10通りの答えを返してくれる。「へぇー！」「なるほどー！」と私は感心しきりだった。

ふと見回すと、モハメッドが部屋にいない。あれ、どこに行っちゃったんだろう。待てよ、てことは、私はさっきからずっと通訳なしでみんなと話してたってこと？

言葉が通じないから、お互いよけいに一生懸命になる。私の身体は汗だくで、まるでスポーツをやっているときのような爽快感に満ちていた。みんなもアクションを大ゲサにしたり、表情をオーバーにしてみたり、ときには絵を描いてみたりと、もうなんでもありの世界だった。お母さんなんて、料理の話になると野菜やなべまで持ってきて説明し始めたりして、ホント、いじらしいくらいなのだ。

みんなのキャラクターが手に取るように分かる。ボディランゲージのすごいところは、話の意味が分かったときには、その人らしさまでが一緒になって伝わってくるところだ。どうやって相手に伝えようかと知恵を絞り、あれこれやってみるプロセスそのものに、その人らしさがじわっとにじみ出る。「共通の言語」なんてないのに、この場にいる人たちだけで「共通の言語」を生み出しているような気がした。

30分ほどたって、モハメッドが部屋に戻ってきた。彼は、両手に大きなビニール袋を抱えている。私が「どこに行ってたの？」と聞くと、モハメッドは得意気にビニール袋の中を見せた。のぞき込んでみると、なんと出来たてホカホカのサテーが100本ほど入っているではないか。

「このサテーのために、わざわざ外まで買いに行ってくれたの!?」

「バイクで隣町まで行ったら屋台がまだ開いてたんだ。マレーシア、今夜が最後でしょ」

私が「サテーが一番好き」なんて言ってしまったものだから、モハメッドはこんな夜中にバイクを走らせてくれたのだ。私はもう自分の無邪気さが恥ずかしいやら、彼の気持ちが嬉しいやらがごちゃ混ぜになって、胸がはちきれそうになってしまった。

モハメッドが買ってきたサテーを、みんなで頂くことにする。アツアツのサテーをほおばると、甘いピーナッツ・ソースが口の中いっぱいに広がった。あったかくて、柔らかくて、本当においしいサテーだった。いろんなサテーを食べたけど、このサテーが今までで最高の味だと思う。

モハメッドは、このサテーにどれだけお金を使ったんだろう。決して裕福な暮らしをしているわけではないだろう彼にとって、この大量のサテーは相当の出費だったに違いない。私はサテーを食べながら、マラッカの博物館で見た日本の軍政時代の写真を思い出していた。

あの写真を見て以来、私は心にしこりのようなものを感じていたのだ。

　私はモハメッドに言った。

「マレーシアの人は日本のことをまだ怒ってるんじゃないかって、ずっと気になってたんだよ。道を聞いても、食堂や宿でも、みんな親切にしてくれたけど、心の中にまでは入れないような気がしてたんだ。でも、マレーシア最後の日にあなたに出会えたおかげで、みんなといろんな話ができて良かったよ」

　彼はうなずきながら、私の話を静かに聞いていた。さっき、私の腕の数字を入れ墨だと言っていたおっちゃんが、私が何を言ったのかを聞きたがる。モハメッドが通訳すると、彼は真剣な面持ちで話し始めた。モハメッドが、おっちゃんの言葉を伝えてくれる。

「彼の親しい中国系の人たちは、本当にひどい目に遭ったんだ。でも、もう終わったことだって。大事なのはこれからだって、言ってくれって」

　おっちゃんは話し終えると元のひょうきんな顔に戻って、私の肩をポンポンと優しく叩いた。彼はそう言ってくれたけど、日本を受け入れ難い気持ちの人はたくさんいるんだろう。でも、それでも、大切なのはこれからなんだと私も思う。

　次第に、近所の人たちもぽつりぽつりと帰っていき、時計を見ると夜の12時前だった。夜行列車の時間が近づいている。私が「そろそろ行かなきゃ」と帰り支度を始めると、モハメッドが言った。

「もう遅いし、今夜はうちに泊まっていけば？」

「ほんとに？　迷惑じゃない？」

「もちろん、大歓迎だよ」

　モハメッドだけでなく、家族みんなにも引き留められ、今夜は彼らの好意に甘えさせてもらうことにした。


　翌日の昼過ぎ、モハメッドが車で駅まで送ってくれることになった。私がリュックを背負って家の外に出ると、家族全員が玄関先に出てきてくれた。ここでお別れかと思いきや、車にはお父さんとふたりの妹も乗り込んできた。みんなで見送ってくれるのだという。タイピン駅に着くとモハメッドはすぐに車で引き返し、今度はお母さんと弟とふたりのいとこまで連れてきた。

　列車は30分ほど遅れてホームに入ってきた。私はひとりひとりと固い握手を交わし、「トゥリマ・カン（ありがとう）」を心を込めて伝えた。マレー語の「ありがとう」が〝愛を受ける〟という意味だったことを、思い出さずにはいられなかった。感謝の気持ちをそう表現するこの国の言葉は、今の私の気持ちにピッタリだった。

列車に乗り込み、窓際の席に座った。別れがたい気持ちで、私は車窓から顔を出した。総勢8人もの家族が、駅のホームにズラーッと並んでいる。誰ひとり知っている人がいなかったマレーシアで、こんなふうに見送られることになるとは、夢にも思っていなかった。昨日の夜はあんなに寂しく思えたホームが、今はなんてゴージャスに見えることだろう。

「またおいで。必ずおいで」

モハメッドは何度も繰り返しそう言った。お父さんもお母さんも、穏やかな笑顔で私を見つめている。

列車がゆっくりと動き出した。みんなが大きく手を振ってくれる。小さな妹と弟が、走って列車についてくるのが見えた。私も窓から体を乗り出して、両手を振れるだけ思いきり振り返した。

こんなシチュエーション、映画でしかあり得ないことだと思っていた。それが今、現実に、私の身に起こっているだなんて！　みんなの姿が次第に小さくなり、最後には見えなくなった。派手な別れをしていた私を、同じ車両の人たちがいぶかしげに見る。にこやかに微笑んでいる人もいた。どう思われようが、私はもう人の目なんて全然気にならなくなっていた。

仁義なき格安航空券

シンガポールに着いた私は、その足で航空会社のオフィスに向かい、翌朝6時50分発の飛行機に予約を入れた。

久しぶりに我が安宿に戻ると、ロッニィの懐かしい笑顔が飛び込んできた。

「てるこ、無事だったんだね！」

夜遅くまでロッニィと話し込む。彼はマレーシアでの話を聞きたがったし、私もあと数時間でこの旅が終わってしまうと思うと、なかなか眠る気にはなれなかったのだ。

深夜2時を過ぎ、私たちはようやくそれぞれの寝床に入ることにした。

「ロッニィ、いろいろありがとうね」

私が最後にお礼を言うと、彼は妙に真剣な顔つきになって言った。

「キミと出会えた今年の夏を、ボクは一生忘れないよ」

くぅーっ。なんともキザな今宵《こよい》のロッニィ。布団に横になると、いろんな思い出が浮かかんでは消えた。それでも緩やかに睡魔はやって来て、私はいつの間にかぐっすり眠ってしまった。

翌朝、ハッと目を覚ますと、外がやけに明るい。イヤーな予感がした。あわてて目覚まし時計に目をやると、5時に鳴るよう合わせていた時計はなんと6時を指している。ヤバイ！出発の30分前、6時20分には空港に着かなければならないというのに、これでは大遅刻ではないか。空港まで30分はかかる。うわぁー、ど、どうしよう！

「ロッニィー、寝過ごした!!」

爆睡しているロッニィに叫んでみるが、彼は寝ぼけて何がなんだかよく分からないという顔だった。

「あれぇ？　てるこ、なんでまだいるのぉ？」

やむを得ず、ロッニィの胸ぐらをつかんでほっぺたをペチペチと叩いた。ようやく深刻な事態を理解した彼は、ガバッと飛び起きると、

「ボク、タクシーをつかまえてくるよ！」と言い、パンツいっちょで表に飛び出した。

私もあわてて彼の後を追う。交差点でロッニィがタクシーをつかまえてくれて、私は車に乗り込みながら叫んだ。

「エアポート、プリーズ!!　ベリベリハリアップ　プリーズ!!」

タクシーのおっちゃんはすぐに事情を察し、「イエス」とだけ言うと、車をガンガン飛ばしだした。後方を振り返ると、トランクス姿のロッニィがぐんぐん遠ざかっていくのが見えた。昨夜、あんなにカッコよく別れを決めたロッニィに対して、申し訳ない気持ちでいっぱいになってしまう。

間に合わなかったら本当にどうしよう。格安航空券は、予約を入れた飛行機に乗り遅れたら最後、無効になってしまうのだ。チケットを新たに買い直すお金なんてないし、私はクレジットカードだって持っていない。いや、大丈夫だ。大丈夫に決まってる。今までだって、なんとかやってきたじゃないか。たいていのことは、なんとかなるものだ。自分を必死に励ましてみる。悪いことは考えまい。考えたら、本当にそうなってしまう気がした。

早朝なだけに、道はガラガラにすいていた。この分だと、なんとか間に合いそうな気もしてくる。そうだよ、よく映画でも、ヒーローが飛行機に滑り込みするシーンがあるではないか。スッチーが今か今かと到着を待っているというやつ。あれだよ、あれ！

そう思った途端、私の気分は一気に007《ゼロゼロセブン》になってしまった。爆風に煽《あお》られつつタラップを駆け上がり、ギリギリセーフで飛行機に颯爽《さっそう》と乗り込む自分の姿が思い浮かぶ。機内の通路を歩けば、そりゃもう乗客から「ブラァーボー！」「グレィートッ！」の嵐だろう。

チケットだって昨日予約したんだし、飛行機は必ずや、私を待っていてくれるはずだ。

ようやく空港に着いた。やった、間に合った。6時22分、出発の28分前だった。

空港の中を猛烈な勢いで突っ走り、航空会社の窓口に到着した私は、息を切らせながら汗でベトベトになったチケットとパスポートをカウンターに叩きつけた。

「チェック、プリーズ!!」

が、カウンターのねえちゃんは表情ひとつ動かさずに言った。

「もう、受付は終了いたしました」

え？　なんかイメージと違う。私の到着を、スッチーが待ってくれてるんじゃないの？

「どうして!?　たった2分、遅れただけじゃないですか!!」

強く抗議してみるが、ねえちゃんは冷たく言い放つ。

「規則には従って頂かないと」

そんな殺生な。今、この先に止まっている飛行機に乗せてもらえないだなんて、そんなバカな話ってない。

「プリィーズ!!　アイハブ　インポォータントミーティング　イン　ジャパーン!!」

何をどう言っても、ねえちゃんは断固として首を縦には振らなかった。しかもその、イヤミな顔といったらない。おまけに、違うねえちゃんまでしゃしゃり出てきて、「いいから新しくチケットを買い直せ」などと吐《ぬ》かすではないか。ビジネスの客だったらひれ伏すクセに、私がエコノミーだからナメられているのに違いなかった。

ぐぐぐ、マニュアル女たちめっ！　頭がプツンと切れた。あんたらは何か、生まれてから一度も遅刻をしたことがないってのか？　あぁん？　エコノミーとはいえ、私にしてみれば莫大な金を払ってるんだから、ちゃんと客として扱えってんだ。

こんな話の分からないねえちゃんたちと話していても時間の無駄だ。決定権のある、もっと偉い人を出してもらわねば！

「モスト　インポータントマン　プリィーズ!!」

私がどれだけ頼んでも、ねえちゃんたちはひたすら「ノー」のオウム返しだった。

「プリィーズ、インポータントマン!!　ビコォーズ、アイウォントゥ　トォーク!!」

カウンターの前で延々押し問答を繰り返していると、恰幅《かっぷく》のいいおっさんがやって来た。やっかいな客に手を焼き、誰かがこのインポータントマンを呼んでくれたようだ。

「どうされましたか？」

えらく落ち着いた口調で話すオヤジだった。ヤクザ映画で最後に話をつけてくれる親分のような風格。このオヤジさんなら、この事態になんとかカタをつけてくれるに違いあるまい。

私は必死になって、自分の置かれている状況を訴えた。

「2分しか遅れてないのに、スッチーが乗せないって言うんです‼　この飛行機に乗せてもらわないと、私は本当に困るんです‼」

「お客さま、お気持ちはお察し致します」

あ、分かってもらえます？　分かってくれるのは、おやっさんだけっスよーっ。

「じゃ、じゃあ乗せてくれますね⁉」と詰め寄ると、彼は私を説き伏せるように言った。

「お客さま、残念ながら飛行機はもう出てしまいます」

ハッと時計を見る。6時45分。すでに出発の5分前ではないか。私はそんなに長い間、ここで粘っていたというのか⁉　そんな、それもこれも、おやっさんの登場が遅いからじゃないスか‼

こうなりゃ最後の手段だっ。私はもう神にでも拝むような気持ちになって、床に座り込んで土下座した。こんなことするの、私だって生まれて初めてだけど、こうなったら恥も外聞もへったくれもない。まだ飛行機は出発してはいないというのに、これがあきらめ切れるものか！

「お願いです‼　出発をストップして、私をなんとか乗せてやってください‼」

悲壮感あふるる私は完全に「おやっさん、あっしを女にしてやってください」のノリである。カウンターのねえちゃんたちは、初めて見る「ジャパニーズ土下座スタイル」に恐れおののき、〝ムンクの『叫び』〟のような顔になっていた。

　だが、オヤジさんは、ちっとも動じてはいなかった。

「あなたのチケットは一回きりのものです。エアチケットを購入し直して頂けますね？」

　オヤジさんの口調は穏やかだったが、言うことはキツかった。

「そんなこと言われても、私はお金もクレジットカードもないんですってば！　見てくださいよ、この恰好《かっこう》。こんな私にどうしろって言うんです！」

　床に手をついたまま、オヤジさんを見上げて懇願する。

　彼は「ウーム、確かに」という顔になって、なめるように私を見た。私の着ている〝一番Tシャツ〟は、全盛期にブイブイ言わせた姿は見る影もなく、全体的に垢《あか》で黄ばんだうえ、襟首だってよれよれ。おまけに靴やリュックも一度も洗ってないから、泥にまみれて汚いことと言ったらなかった。

　オヤジさんは深いため息をつき、観念したように言った。

「分かりました。こういうことはすべてお断りしているんですが、今回だけは特別に、明日のチケットをご用意しましょう。それでよろしいですね？」

「へへーっ」

　思わず頭《こうべ》が垂れる。私はもう、その言葉に従うしかなかった。

オヤジさんは、コンピューターで打ち直したチケットを私に差し出してくれた。

「今日と同じ時間の飛行機です。明日は絶対に遅刻しないように」

それだけ言うと、オヤジさんはくるりと背を向けて去っていった。風もないのに風を切っているような、その後ろ姿。いったいアンタ何者なんだ、インポータントマン。いやはや、どうもかたじけない、インポータントマン。


オヤジさんの姿を見送ると、私はなんだか急に恥ずかしくなってしまった。そそくさとカウンターのねえちゃんたちに礼を言って、その場を足早に立ち去った。こんなにインターナショナルな場所で、目を血走らせ、声を荒らげてしまったのだ。元はと言えば、遅刻した私が全面的に悪い。因果応報とはこのことだ。原因はすべて、この私にある。

でも私は、自分が招いたアクシデントだったからこそ、なんとか自力で解決したかったのだ。今まで全部、自分の力で解決してきたというのに、最後の最後に足止めを食らって、親からの送金を待つなどという最悪の事態だけはどうしても避けたかった。「ノー！」と言われたとき、なにがなんでも絶対にあきらめるものか、という強い意思が、胸の奥底から湧き上がってくるのを私は感じていた。いきなり私がタフな人間になったんじゃない。八方塞がりな状況に追い込まれたおかげで、タフな私が引き出されたのだ。

新しいことを経験するたびに、今まで知らなかった自分を発見できる。旅では、自分を丸ごと生かせるような気がした。ちゃんとした英語は話せないけど、身ぶり手ぶりを使えば、私は人を笑かすことだってできる。健康で体も丈夫だから、腹をこわすことがない。方向オンチな分、現地のいろんな人と知り合えるチャンスが生まれる。金も色気もないから、悪党に襲われる心配もない。欠点だと思っていた自分の特徴を、旅は長所だと感じさせてくれたのだ。何よりも私は、私の自分自身に対するイメージが変わっていることに気がついた。

確かに、この旅に出るまでの私は、ずっと自分のことを変えたいと思っていた。人にスゴいと言われるような人間になってみたかった。だけど、本当に変えたかったのは、自分自身へのセルフイメージだったんだ。

この旅の記憶がいつかは思い出になってしまうことが、今はなによりも切なかった。過ぎた日々が、なんていとおしく感じられることだろう。

日本にいたままだったら、永遠に出会うことのなかった人たち。遠いままだった国々。世界がグッと私に近づいてきた気がした。いや、きっと、私の方が世界に近づいたんだ。

空港のロビーは、世界各国に旅立っていく人たちであふれていた。行き交う人の姿を眺めながら、私もまたこんなふうに、世界のいろんな国に旅立ってみせるぞと心に誓う。とにかくもう、地球上の国、全部に行ってみたくてたまらない。この世には、まだまだ知らないことも、知りたいことも、てんこ盛りなのだ。

世界中のすべてをこの目で見てみたくて、世界中のあらゆる笑顔に会いに行きたくて、旅をしている自分を想像しただけで、体がウズウズしだし、胸がドキドキしてしまう。

いつの頃からかおぼろげに夢見ていたことが、現実になっていく。

手を伸ばせばちゃんと届く。

〝思うことが叶うこと〟だ。

心はもう、動き始めている。

あとは、私の心が「行きたい」と思った国に、体を動かしていくだけでいい。

私はもうリュックひとつで、世界中どこにだって行けるんだ！

INDIA

2nd TRAVEL
インド編

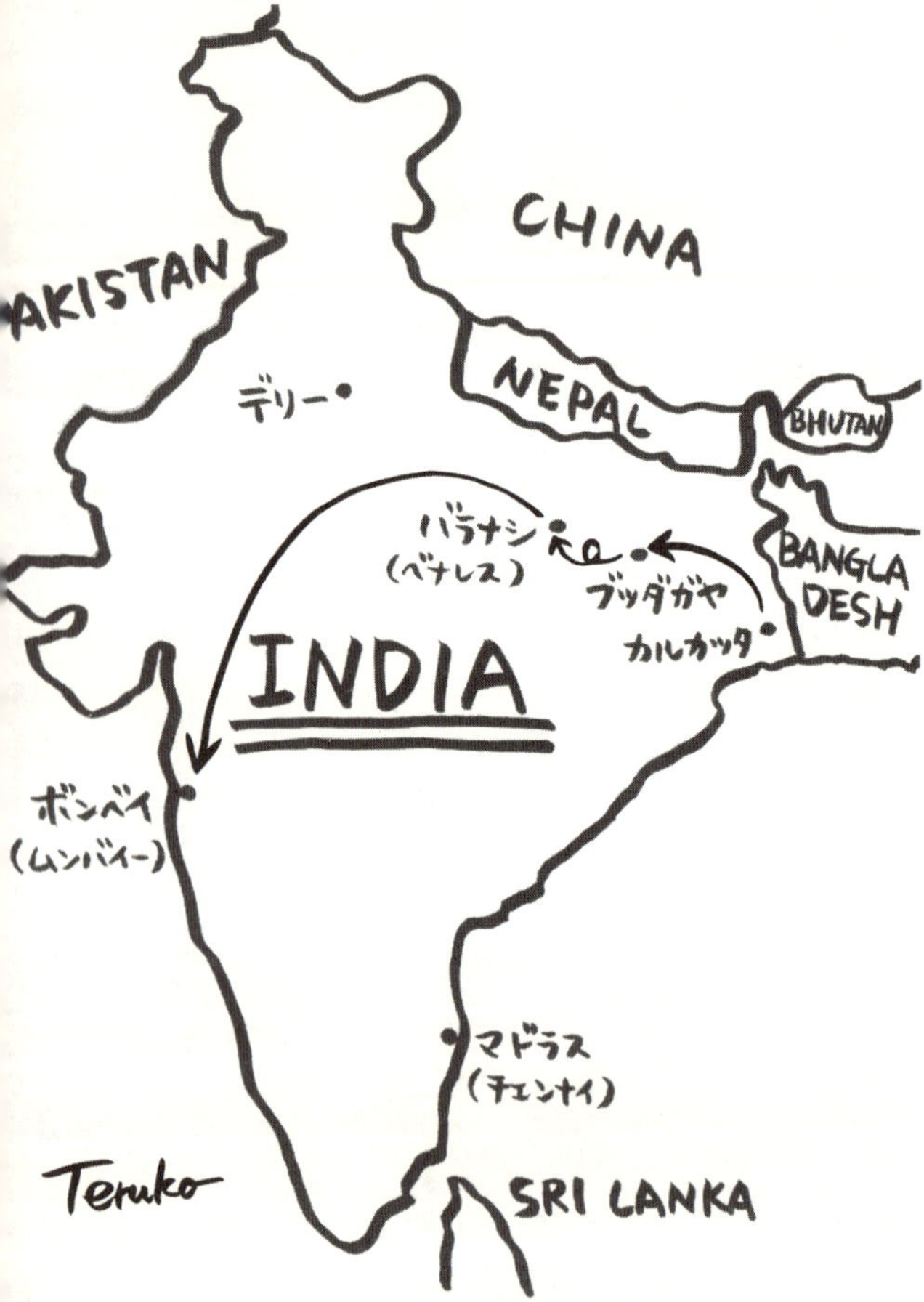
CHINA
AKISTAN
NEPAL
BHUTAN
デリー
バラナシ
（ベナレス）
ブッダガヤ
BANGLA
DESH
カルカッタ
INDIA
ボンベイ
（ムンバイー）
マドラス
（チェンナイ）
Teruko
SRI LANKA

インドの洗礼

おっかない国、インドへ

初めてのひとり旅から帰ってくると、私はしばらくの間、旅ボケ状態になってしまった。とにかく寝ても覚めても、思い浮かぶのは旅のことばかりなのだ。あまりにもいろんなことがあったせいか、出会った人から何からすべてが夢だったようにも感じられた。お世話になった人たちに手紙を書いて送り、みんなからも手紙の返事が来るようになると、私はようやく旅が現実だったことを実感できるようになった。

そのうち私は、今まで全然気にならなかったことが、やけに気になるようになっていることに気がついた。例えば、テレビで香港返還に関するニュースをやっていたりすると、身を乗り出して真剣に見入ってしまう。新聞で『マレーシアで災害』などという記事を見つけると、すぐさまモハメッドの家族のことが心配になる。以前のように、知らないよその国、という感じがしない。旅した国の名前をチラッと見かけただけで、仲良くなった人たちの顔がありありと思い浮かぶのだ。

なんというか、私はもう、旅をする前の自分ではなくなってしまったような気がした。日本を出る前と帰ってからとでは、旅した国々に対する心のありようが変わってしまっていたのだ。旅をした国々が、自分にとって〝人ごとな国〟ではなくなったことを私は感じずにはいられなかった。

初めての旅から半年ほどたつと、大学4年を目前にした春休みが近づいてきた。

バブルもはじけて景気が悪くなっていたこともあり、同学年の子たちは口を開けば就職の話をするようになっていた。もちろん私も焦ってはいたが、自分がどんな仕事をしたいのかが、いまだによく分からなかった。就職について真剣に考えれば考えるほど、自分には仕事にできるような特技も能力もないような気がしてくる。

就職活動を始めるとなると、履歴書を書くにしても、面接試験を受けるにしても、趣味を聞かれることになるだろう。映画や音楽鑑賞といった趣味ではなんのインパクトもないと思った私は、趣味を聞かれたときには颯爽《さっそう》と「海外へのひとり旅です」と答えたいところだった。でも「今までどういう国に行きましたか？」と聞かれて、「香港やシンガポールです」などと答えると、女子大生の〝買い物&グルメ旅行〟と勘違いされてしまうような気がした。それに考えてみれば、私はまだ一度しか旅に出たことがないのだ。これでは旅が趣味とは言えんだろう。堂々と胸を張って「趣味は旅だ」と言うには、せめて2回は旅に出たことがないとマズいんじゃないか？　そうなると、就職活動を始める前に、何がなんでも旅立っておかなければ！

旅立つ口実をでっち上げた私が、真っ先に思いついた旅先はインドだった。神秘の国。魔性の国。人を変えるというインド。私にとってインドは、心のどこかに突き刺さった魚の小骨のような存在だったのだ。下手に触るとまずいような、でもその存在を無視することができないような、恐ろしくも気になる存在。この世で一番おっかない国であるインドを旅することができれば、今度こそ肝っ玉のど太い、怖いもの知らずな人間になれるような気がした。

私がなぜインドに惹《ひ》かれ、そこまでインドを恐れていたのかというと、それにはこんな理由があった……。

あれは3年半前、上の兄にとっては、高校の先生になって初めての夏だった。旅好きな兄は夏休みにふらりとインドに旅立ち、1か月の旅を終えて帰ってきたのだが、家に着いた途端、バタッと倒れてしまったのだ。

「あ、あきお!?」「あっちゃん!?」

我が家はもう大変な騒ぎになり、兄は即、救急車で病院へと運ばれた。どうやらガンジス河で泳いだときに水をガブ飲みしたのがまずかったらしく、検査の結果、兄は腸チフスとコレラを併発していたことが発覚した。おかげで兄は新任の教師だというのに、新学期から病院の隔離病棟に1か月ほど入院するハメになってしまったのだ。

以来、私の中にはインドへの恐怖感が強くインプットされていた。だが、中学、高校と水泳部だった私は、兄の事件にもかかわらず、いつかは自分も恐怖心に打ち勝って、ガンジス河での泳ぎにトライしてみたいと思っていたのだ。ちょうど、自分自身にセールスポイントが欲しかったところでもある。面接試験で「この春は、ガンジス河でバタフライをしてきました！」と言って強靭な肉体をアピールすれば、面接官にも「うーむ、並外れたガッツのあるヤツだ」と思われるに違いないという下心もあった。

私は思い立ったその足で旅行代理店へと直行し、翌々日発のエアチケットを購入してしまった。だが、勢いでチケットをゲットしてしまったものの、兄の事件を思うと、改めてインドに行くのが恐ろしくなってくる。

こんなときは当の本人と話すのが一番だと思った私は、兄に電話をかけてみることにした。

「あのな、インドに行くことにしたんよ。インドのこと、なんか教えてくれへん？」

私がそう言うと、兄は低い声でボソッとつぶやいた。

「お前、死ぬぞ」

えぇっ!? 縁起でもない。私はもう、ますます恐ろしくなってしまった。

「ちょ、ちょっとー、脅かさんといてよ。あさって出発するっていうのに」

「脅しなんかやない。お前そんなに死にたいんか? 死にたいんやったら勝手に行けや」

兄は、相当インドがこたえていたようだった。

「イヤなことばっかり言わんと、なんかインドのこと教えてや!」

必死になって言い返すと、兄はちょっと考えてから言った。

「まぁ、そんなら聞くけど、あんた、時代劇は好きか?」

なんでいきなり時代劇!? ざけんのもいい加減にしてよと思いつつ、私が「いや、別に好きやないよ」と答えると、兄は確信に満ちた声で言い切った。

「なら、インドは合わんはずや。行ったらほんまに死ぬぞ」

唐突な死の宣告。『時代劇』という、インドに対するナゾの踏み絵。私はなにがなんだか分からぬまま、恐怖のどん底に蹴り落とされてしまった。コ、コ、コワいっ!! 確かに私はインドのことを何ひとつ知らないのだ。インドで思い浮かぶことといえば、カレーと『インド人もビックリ』とかいう、なんだかよく分からんキャッチコピーぐらいではないか。

恐怖もさることながら、あてにしていたバイト代が出発までに振り込まれないことに今頃気づき、もう絶体絶命だった。なんとか金を工面せねばマズい。出発はあさってなのだ。

私は、部屋中に散らばってる小銭を探しにかかり、新品のテレホンカードや図書券などをかき集めて金券ショップに売りに行った。挙げ句の果てには昔のバイト先にまで押しかけ、「確か、交通費をもらってなかった気がするんですけど……」などと言っては集金しまくり、所持金はどうにか5万円に到達した。

が、兄のあの、呪いのような言葉が、耳鳴りのように頭に響く。

「お前、死ぬぞぉぉぉ〜」

ひっ、ひえーっ!! 思い出しただけで心臓がバクバクしてくる。誰かインドのことを知っていて、私を安心させてくれる人はいないものか。そうだ、カレー屋のオヤジだ。私の住んでいる街には『天竺屋《てんじくや》』というインドカレー屋があり、そこのマスターがインドでカレー修業した人だったことを思い出したのだ。

天竺屋に向かうと、店の20メートルくらい手前から、スパイスの匂いがプンプンと漂ってきた。夕方で、店にはまだクローズドの看板がかかっている。ドアを開けると、ヒゲ面のマスターが顔をのぞかせた。

「おうー、あんた、生きてたのー」

よかった、覚えてくれてたんだ。半年前、私は一度だけこの店にランチを食べに来たことがあって、そのとき、いつかインドに行ってみたいと彼に話していたのだ。

「おかげさまで、明日からインドに1か月ほど行くことになりまして」

私がそう言うと、マスターはまるで自分のことのように喜んでくれた。

「へぇー！　よかったじゃない、まぁ中に入んなよ」

「あの、なんにも頼まなくってもいいスか？」

マスターはおおらかな笑顔で、「ああ、いいよー」と無銭トークをOKしてくれた。体もデカいけど、心もデカい人だ。きっとこのマスターなら、なにか良きアドバイスをくれるに違いない。

早速、私がインド行きへの不安な気持ちをブチまけると、彼はさらりとこう言った。

「まぁ死ぬことはないと思うけどさー。あんたさ、今、部屋きれい？」

部屋ぁ？　なんなのそれ。なんだか今日という日は、想像を絶する問答ばかりが私の身に降りかかる。兄の「時代劇は好きか？」発言にしても、マスターの「部屋きれい？」にしても、インドに行った人は頭のネジがちょっとイカレてるんじゃなかろうか。

面食らいつつも、私は正直に答えた。

「いつもはすごいことになってるんだけど、小銭を探してるうちに掃除しちゃって、今、ミョ〜にきれいだなぁ」

「そりゃまずいよ。家に帰ったらすぐに荒しな。身のためだよ」

へ？　ますます分からん。なんで部屋を汚くしておけば、死なないで済むんだぁ？

マスターは、仕込みの玉ねぎを刻みながら言う。

「部屋を片づけて旅に出るとさー、心のどっかで『もう思い残すことはない』って思っちゃうんだよね。でも部屋がむちゃくちゃ汚いとさ、このままじゃ死にきれないって気持ちがあるから、何がなんでも帰ってこようとするワケよ。誰だって、自分のど汚い部屋を人に見られたくないじゃん」

なるほど。そうか、初めての旅で無事だったのは、私の部屋が汚かったせいなのか。私は知らず知らずのうちに、サバイバル戦術を身につけていたというわけだ。汚くするなんてお安い御用だ。なんたって私は〝散らかし名人〟の異名をとる女。明日は生ゴミの日だけど、出さないままにして旅立っちゃおっかな〜、なんていうナイスなアイデアまで浮かんできたりして、私はもうガ然、勇気が湧いてきた。

「で、あんたさぁ、1か月分でいくら持ってくつもりなの？」とマスター。

「えーっと。今んとこ、5万くらいかなぁ」

私がそう答えるや否や、マスターの顔が凍った。

「1か月行くつもりでたったそれだけ!?　カードとかは持ってんの!?」

「え、足んないスか⁉　カード類は何も持ってないですけど……」

いきなりマジな顔つきになったマスターは、狭い厨房を横歩きしてレジに駆け寄り、中にあった千円札を5枚取り出して私に握らせた。

「いいから、持っていきな」

そんな、私はこの店に一度しか来たことがない通りすがりの客なのだ。しかも、レジの中の紙幣はそれで全部ではないか。

「お金、そっちこそ全然ないじゃないですか！」

「いやっ、これはその、今日いろいろ支払いとかあったから」

大丈夫か、この店。とは思いながらも私には「やや、その心配は御無用」なんて日本人している余裕はなく、有り難くお金をお借りすることにした。

「じゃあさ、ライスしかないけど食っていきな」

マスターはそう言って、ターメリックライスに自家製ピクルスをのせて、私に食べさせてくれた。あぁ、この感じ。すでに旅が始まっているような気がしてくる。きっと、旅に出ることを決めた瞬間から、旅はもうスタートしてるんだ。しょっぱなからこんなにいい人に会えるだなんて、こりゃあ幸先《さいさき》がいい。

◆インドカレー「天竺屋」の丸山マスター

私はアパートに帰って、早速、荷造りに取りかかった。マスターの「インドじゃなんでも売れる」という言葉を当てにして、部屋中のいらないものをリュックに詰めていく。記念品の重いシャーペン。もらったカード電卓。土産物《みやげもの》のどデカい鉛筆。3年はいてボロボロのジーンズ。もうこうなったら、インドでフリーマーケットでもやるかってな勢いだ。

荷造りが落ち着いたところで、私は友人に電話をかけまくることにした。前回の旅がうまくいったものだから、今回も同じことをやっておきたいと思ったのだ。まず、ちんに電話してみる。

「実は明日からインドへ行くんやけど、もう怖くてなぁ」

と私が言った途端、ちんは、

「インド!? あんた大丈夫か？ ちゃんと準備したか？ 薬とか持ったか？」

とまぁ「アンタは加藤茶か！」とツッコミを入れたくなるようなベシャリをかましてきた。

私がここまでのいきさつをざっと話すと、ちんはなにか言いたそうである。

「そやけど、あんたな、インドってところは日本人が行方ふめぇー……」

「うわっ。もう聞きたない、聞きたない、わわわわわーっ!!」

あわてて手で耳に栓をし、ちんの恐ろしい話を遮断する。同じミスを繰り返すような私ではなかった。人間は、学習する生きものなのだ。

せっちゃんにも電話してみた。が、どういうわけか、せっちゃんの天使のようなソプラノボイスに張りがない。聞くと体調を崩してしまった彼女は、明日から1か月近く入院することになったんだという。入院がちょうどインドに行っている間と重なるから、私はお見舞いに行くこともできないではないか。

「帰ったらすぐ、せっちゃんちに旅の講演をしに行って、せっちゃんをインドにトリップさせてみせるからさ、楽しみに待っててよ!」

せっちゃんほど私の旅の話を、目を輝かせ、いちいち感嘆しながら聞いてくれる人はいない。私にできることといえば、それくらいしか思いつかなかったのだ。

「うわぁ、本当? てるちゃんの旅でどんなことが起こるのか、私までわくわくしちゃう。てるちゃんの目が、私の目にもなるんだね!」

感激屋のせっちゃんは、私の言葉に本気で喜んでくれた。私が見たものを後でせっちゃんに事細かに説明できるように、今回は写真をたくさん撮ってくることにしよう。使い捨てカメラしか使ったことがなかった私は、早速、友だちにコンパクトカメラを借りに行き、明日の出発に間に合わせたのだった。

翌日、空港に着いた私は、すぐに保険会社のカウンターへと向かった。保険料は惜しいと思いつつも、無駄死にだけはしたくないと思ったからだ。話を聞くと、セットタイプにしなければ保険料は安くつくことが分かった。必要になると思う保険だけ、バラでかけておけばいいらしい。

メインの『傷害保険』と『疾病保険』は、死亡の場合と治療費用の場合の2種類に分かれていた。兄の例もあるし、『疾病保険』は死亡も治療費用も両方かけておくことにするか。『傷害保険』の方はどうしよう。ケガして治療することはあっても、まさか死ぬことはないような気がする。『傷害』の方は治療費用だけでいいなって、いや、ちょっと待て。

交通事故か何かでお陀仏になった私をインドまで引き取りに来たおかんに、保険会社のおっさんが冷たく言い放つ姿が思い浮かぶ。

「このたびはご愁傷さまでございます。実は大変申し上げにくいのですが、てるこ様はなぜか『傷害保険』の死亡の方にだけはお入りになっておられませんで、わたくし共としましても、この契約ではご家族に1円たりともお支払いしかねるのでございます」

さめざめと泣いていたおかんは、ガバッと顔を上げてこう叫ぶだろう。

「バカ娘が、しょーもないとこでケチりおってぇー!!」

おお、くわばらくわばら。ここは手堅く『傷害』の死亡の方にも、一番安いのをかけておくことにしよう。合計すると、保険料は5千円で済んだ。覚悟していたよりも安くついて良かったと思う反面、なんだか自分が5千円の価値しかない人間のように思えてくる。保険をかけ終えると、私は自分の死を妙に意識してしまい、今にも心臓の血管がブチ切れそうなくらい興奮してきたのだった。

そんなわけで、私は機内でもビビりまくっていた。頑丈な兄が、インドから帰ってきた途端にブッ倒れたことを思い出す。具体的にシミュレーションして保険に入ったおかげで、イヤな想像ばかりが浮かんでは消えた。疫病に冒されたらどうしよう!! 強盗に襲われたらどうしよう!! 一度、香港やシンガポールに行ったくらいで、私の小心な性格が直るわけがなかったのだ。

飛行機はバンコク経由だったので、バンコクの空港で乗り換え便の出発を待つことになった。空港のロビーには日本人の青年ふたり組がいて、聞くとちょうどインドを旅してきたところだというではないか。インドの生情報に飢えていた私は、このチャンスを逃してはなるまいと思って彼らに尋ねてみた。

「あの、インドどうでした!? 私もこれからインドに行くんですけど」

「いやー、大変な目に遭いましたよ。今、ちょっとヤバいから、インドに行くのを遅らせて、少しタイにいた方がいいんじゃないかなぁ」

彼らは急に渋い表情になって顔を見合わせた。

「え⁉ 大変なことって、暴動とか何かが起きたんですか⁉」

「いや、そういうんじゃなくって……。今、ちょうど祭りの最中なんです」

祭り？ 祭りの何がヤバいんだ？ なんだか楽しそうな感じがするではないか。

「あの、祭りだと、いったいどうなっちゃうんです⁉」

私は彼らに詰め寄った。

「ほら、インドって、カースト制があるじゃないですか。それが、祭りのときは無礼講っていうか、何やってもいいってことになるらしくて」

もうひとりのメガネをかけた兄ちゃんが言う。

「インドの空港で会った日本人の女の子ふたり組なんて、警官にレイプされそうになったとかって言ってましたよ」

ゲゲェーッ。レイプぅ⁉ しかも警官に⁉ それってもう無法地帯ってこと⁉ どうしよう‼ インド行きを遅らせた方が賢明なんだろうか。や、でもその祭りとやら、ちょっと見てみたい気もする。『夕鶴』じゃあないけど、人に「見るな」と言われると、よけいに見たくなってしまうものではないか。

よし、とにかく行ってみよう。インドの空港に着いたら、旅行者は他にもいるはずだし、慣れるまでは一緒に行動させてもらえばいい。怖いもの見たさで気合が入りまくり、緊張はますます高まって、呼吸をするのも苦しくなってくる。私はもう居ても立ってもいられない気分だった。いったいインドで何が待ち受けているんだろう！

ゾンビ、あらわる

バンコクからカルカッタまでは、飛行機で1時間だった。

入国ゲートを出ると、まわりはもうインド人、インド人、インド人の嵐で、どこもかしこもインド人ばかりだ。浅黒い肌で彫りが深く、みんな目がすごくデカい。インド人は雰囲気があるというか、他のアジアの国の人とはまたひと味違う、独特の存在感があるような気がした。

歩いているだけで、客待ちの男たちがひっきりなしに声をかけてくる。

「タクシー？　ベリグッドプライス、カモン！」

「ハイ、ジャパニー。チープホテル、ベェーリチープ」

どうしよう！　みんながみんな、怪しく思えてくるではないか。

辺りを見渡してみると、いたいた、学生っぽい日本人バックパッカーの青年がひとり。

「すいませーん、あの、市内までどうやって出ます？」

私が駆け寄って声をかけると、彼も不安げな顔をしていた。

「ボク、インド初めてで。タクシーは高そうだから、オートリキシャっていうのに乗ろうと思ってるんですけど……」

とりあえず私たちは、安宿があるサダル・ストリートという場所まで一緒に行くことになった。

通りを流していたオートリキシャをつかまえ、値段交渉の末、乗り込む。オートリキシャと呼ばれている小型のオート三輪は、まるで遊園地にあるような感じの乗り物で、上部には幌《ほろ》が張ってあり、後部がふたり掛けの座席になっていた。

走り出すとすぐ大きな原っぱがあり、白い固まりがあちこちに見えた。なんだあれ、と思ってよく見ると、ウシではないか。いったい誰が飼ってるんだ？　あんな大量のウシ。

「ねぇねぇ、あそこ見て！　ウシだよ、ウシッ」

私が興奮して叫ぶと、同乗の彼が言う。

「ホントだ。インドじゃウシは聖なる動物で、ものすごく大事にされてるんだってね」

じゃあ、あれってば全部、野ウシぃ!?　30、いや、40頭はいるぞ。くぅーっ、さすがはインド。やることなすことデカい！　空港みたいなインターナショナルな場所の目と鼻の先で〝青空野ウシ博覧会〟とは驚きだ。

あぁ、とうとうインドに来たんだなぁ！　目に映るものすべてにインドっぽさが満ちているような気がして、私の心は子どもの頃に返ったようにはしゃいでいた。インドのウシにインドの空。インドの匂いにインドの街並み。私はもう何を見ても逐一、「うわぁー、インドだ、インド!!」と思って興奮してしまうのだった。

通りをガンガン飛ばしているものだから、風がビュービューと吹き込んでくる。あまりの風通しの良さに、髪の毛は逆立つわ、顔なんてブルブルしだして、気持ちのいいことといったらない。

いい気分で座席から外に顔を出していると、ドライバーのおっちゃんが後ろをチラッと振り返って話しかけてきた。

「しっかりつかまってなきゃ、今日はホントに危ないよ」

「え？　なんで？」

「ホーリー、ホーリー！　年に一度の、インドの祭りだ」

どうやら噂《うわさ》に聞いていた祭りのことらしい。

「祭りはまだ続いてるの？」と私が聞くと、おっちゃんは嬉しそうに言う。

「今日がその、本番さ！」

ゲゲッ。じゃあ私が聞いた話は『前夜祭』だったってわけ!?　警官のレイプ未遂が前夜祭なら、その『本番』はいったいどうなっちゃうんだ？　いやいや、まぁそうは言っても、私はよそ者なのだ。祭りの様子をはたから見物させてもらえばいいや。

どれどれ、外の状況はっと。リキシャから身を乗り出してみると、つぶらな瞳の子どもたちがワイワイ言いながらこちらに駆け寄ってくる。おおっ、インドの子どもは人なつっこいのう、なんて思って笑顔を向けた瞬間、子どもらがいきなり水鉄砲で水をぶっかけてきた。

「うわ、なっ、なにすんだよっ！」

髪の毛にかかった水がボタリ、ジーンズにしたたる。その部分が、ドバッと真っ赤に変色した。あわてて髪の毛を触ると、手までが真っ赤になった。まさか出血⁉　そんなバカな！　そうか、これは普通の水じゃない、色水だ‼

いったいなんのマネ⁉　悪ふざけも度が過ぎるんじゃないの、と思ったが、標的はなにも私たちだけではなかった。見ると、通りのいたるところで、ペンキのような色水のぶっかけ大会が始まっているではないか！

なんという光景だろう。子どもらはもちろんのこと、大の大人も一緒くたになって、水鉄砲を持っての大はしゃぎなのだ。真っピンクに、真っ赤、真っ黄色、真緑、真っ青と、ど派手な色水と色粉が飛び交って、村中が野放図なキャンバス状態と化している。

そんな乱痴気騒ぎの中を走っているものだから、オートリキシャはたちまち立往生してしまった。スピードが落ちた途端、男たちがなだれを打ってリキシャの方へと押し寄せてきた。ひょえーっ！　もうこの熱気は殺気だ、殺気っ。こ、殺されるーっ!!

「グアーッ!!」

四方八方からの色水攻め。抵抗しようにも、身を守るものがない。挙げ句の果て、私はぶっかけられた色水をガブ飲みしてしまった。

「ウッ、ウエッ、ブボェ――――ッ」

あまりのマズさで思わず吐きだしてしまう。なにが嬉しくて、こんなもんかけてくるんだよっ。気持ちが悪いわ、胃がムカつくわで、ヘンな汗が全身の毛穴から吹き出してくる。この嫌な匂いは、石油系の顔料に違いない！

「あのー、大丈夫ですか？」

同乗の彼はもうビビりまくりだった。

「大丈夫じゃないの、見りゃ分かるでしょ！」

「あ、キミ、舌が緑色……」

舌がミドリになってるだぁ？　私の堪忍袋の緒はぶっとい方だが、もぉーう限界だ。こんなに友好的な観光客だっていうのに、勝手に巻き込んでくるなっつうの！　こちとらアンタ方と違って服の替えがないんだよ、替えが！　くっそぉー、おとなしくしてりゃあいい気になりやがって。この先はもう、色水なぞ一滴たりともかけさせせんぞ!!

なんとか人を蹴散らかし、ようやくオートリキシャが走り出した。

しかし、こっちはモーター付きの乗り物に乗っているというのに、しがみついてくるインド人が続出。もはや全身アートと化した男たちが、追っかけてきてはリキシャに飛び乗り、命懸けで色水をぶっかけてくるのだ。なんなんだ、この人たちの、このわけの分からん情熱は⁉　男どもをなぎ倒し、果敢に立ち向かってはみるが、なにしろその数がハンパじゃない。

こうなりゃ私も本気の本気だ、ウォーリヤァーッ。大和魂っちゅうもんを見せたらあ！

だが、どれだけ私がしがみついている男たちの手を振り払っても、体を思いきり押してリキシャから突き飛ばしてみても、敵はヒュンヒュンとまるで『仮面ライダー』のショッカーのように、次から次へと襲いかかってくるのだった。多勢に無勢。これではちっとも数が減りやしない。祭りの狂気で不死身となった男たち。こりゃあゾンビだ、ゾンビッ！

村中が、町中が、狂熱のリズムに酔いしれている。抱き合う者。踊り狂う者。駆けずり回る者。子どもらも、男たちも、サリーを着た女たちも、サイケな色に包まれて笑っていた。彼らの衣服は肌にベッタリと張りつき、エロチックなムードさえ漂っている。

絶叫。歓声。鳴り響く車のクラクション。どこからか聞こえてくる民族音楽。だんだん頭がこんがらがってきて、私はもう〝ココはどこ？　ワタシは誰？〟状態になってしまった。

ドライバーのおっちゃんが笑いながら声をかけてくる。

「ファッハッハッ。ノープロブレム、ノープロブレム！」

って、大問題だっつーの！　と言いかけて口あんぐり。おっちゃんのヒゲは真っ黄色に変色し、白かったシャツもサイケな極彩色に変貌《へんぼう》しているではないか。

私はおっちゃんに叫んだ。

「ユーアー　クレージー！　ホーリーイズ、クレージー!!」

おっちゃんも、大声で叫び返してくる。

「イエーッ、クレージー！　オールクレージィー!!」

私もヘン。おっちゃんもヘン。みーんなヘン。まわりが揃いも揃ってこうもヘンだと、ヘンなことをヘンだと思えなくなってくる。なんだか必死に抵抗しているのがアホらしくなってきた。精も根も尽き果て、怒りを超越して、腹の底から笑いが込み上げてくる。クックックッ、グアッハッハッ!!　とうとう私もイカレたか。なにがそんなにめでたいのか分からんが、こっちまでめでたい気分になってきた。

「ヘーイ、ハッピーホーリー！」

通りの家の窓からも、色粉が勢いよくばらまかれる。

「イェー、ハッピーホーリー！」

私も手を振って応えた。ここまで色水漬けになってしまうと、もういくらでもどうぞという感じだ。

さっきまでインド人を見ただけでビビっていたのが嘘《うそ》みたいだ。そんな実体のない恐怖心は、いつの間にかブッ飛んでしまっている。

こうなると、私が外国人かどうかの見分けもつきやしない。だいたいそんな区別、なんの意味があるんだ？　ナニ人だとか、ヨソ者だとか、そんなことどうだっていい気がしてきた。そうか、今日はそんなつまらない境目を取っ払ってしまうためのお祭りなんだ。一年にたった一度の無礼講デー。すべての人が等しく、ホーリーに染められていく。

ワイルドなドライブを終え、ようやくサダル・ストリートに着いた。

各国からの旅行者でにぎわっている安宿には、日本人もたくさんいて、目が合った途端、ギョッとされてしまう。

「うっわー、今、着いたんですか？」

「宿の主人が外に出るのは危険だって言うんで、今日は誰も外には出なかったんですよ」

みんなが口々に話しかけてくる。

「いやぁ、ホーリーをナメてたら、こんなことに……」

なんて答えつつ、いまいち私の表情は硬かった。別に緊張しているわけではなく、顔にかかった色水がセメントのように固まってきていて、言葉を発しようとすると、意思とは反して顔がヒクヒクと引きつってしまうのだ。

ひとまず、持っていた石鹸《せっけん》で顔を洗ってみるが、顔料は全然落ちてくれなかった。

宿の主人に、この辺によく落ちる石鹸は売ってないかと聞くと、オヤジさんはあきらめろと言わんばかりに言う。

「今日はホーリーで店はどこも休みだ。それに、何で洗ってもなかなか落ちはせんよ」

ウキーッ！　じゃあ私は、明日からこの真緑色の顔とドブネズミ色のボディで生きていかなきゃなんないってワケ？　これではまるで半魚人ではないか。しかし、当のインド人がそう言うんだから、どうやら自然に顔料が落ちるのを待つしかなさそうだった。

私はなんとか力を振り絞って水のシャワーを浴び、ドミトリーのベッドに横になった。腹も減っていたが、疲れがそれを上回った。私はもうバタンキューという感じで、気を失ったようにそのまま眠ってしまった。

朝、あまりのすきっ腹で目が覚めた。宿を出て少し歩くと、すでに路上には生ジュースやスナックの露店がいくつも並んでいる。キョロキョロと品定めしていると、揚げ物を売っている露店の兄ちゃんが陽気に声をかけてきた。

「ユアフェイス、ホーリー、ホーリー！」

そういう兄ちゃんも顔全体がショッキングピンクで、「モモレンジャー」みたいだった。私は彼に「こんなことになっちゃったよー」と緑色の舌をアッカンベーして見せた。

「ヒャッヒャッヒャ、ナイスカラー！」

兄ちゃんは手を叩き、私の舌を見て大受けだった。

「イート、イート」

彼がピラミッド型の揚げ物を1個取り、「サモサだよ」と言って私に差し出してくれる。

「オー、リアリー？　ダンニャワード（ありがとう）」

揚げたてのアツアツだ。外の皮は揚げ春巻きみたいにカリッとしていて、中にはカレー味のマッシュポテトが入っていた。ウン、イケる。これはうまい。もりもり口いっぱいにほお張っているうちに、ポテトが喉《のど》に詰まって苦しくなってきた。

せき込み始めた私に、兄ちゃんが素焼き茶碗で飲み物を出してくれた。「チャイ、チャイ」と彼が教えてくれる。飲んでみると、この小さな器1杯に砂糖がスプーン5杯ぐらい入ってそうなミルクティーだった。

「これ、むちゃくちゃ甘いよ！」

私がそう兄ちゃんに訴えると、彼は誇らしげに胸を張って言った。

「そうさ、うちのチャイはバリバリ甘いぜっ」

どうやらチャイというものは、甘ければ甘いほどよいとされている飲み物らしかった。確かに、暑くて体力を消耗しがちなインドでは、お茶もこのくらい甘くなければ体がもたないのかもしれない。

飲み終わると、兄ちゃんは露店の前に置かれた段ボール箱を指した。箱の中は、無残に割れた素焼き茶碗でてんこ盛りになっている。彼に言われるまま段ボール箱めがけて投げつけると、茶碗はガシャーンといい音を立て、こなごなに砕け散った。なんだか気持ちがスカッとして、こりゃ暑気払いにも良さそうだ。

日差しが強くなってきた街を、食を求めてふらついた。しかし、普通に道を歩いているだけだというのに、言い寄ってくるインド人の多いこと。

「ハイ、ジャパニー。チェンジ・マネー」

「アイム　ガイド。フリー、フリー！」

「コンニチハー。ダラー、チェンジ？」

「ガンジャー、ベリチープ。グッドクオリティィネ〜」

◆あまりの暑さでダレまくる犬たち

その、あまりのネチっこさに、頭がクラクラしてくる。10メートル歩いたら、10人のインド人が声をかけてくるという勢いなのだ。

「ノォーッ!!」

昨日、ホーリーでインドの洗礼を受けた私にとって、もはや怖いものなどなかった。うっとうしいと思ったら、ものすごい顔で相手をにらみつけて「ノー」の一点張り。初めに強く意思表示しておかないと、相手は脈があるとカン違いして、いつまでもしつこくつきまとってくることが分かってきたからだ。

少し行くと安食堂があった。通りに面したその小さな店には、入り口のドアも窓もなく、外から店の中が丸見えになっていた。店先には、鍋に入ったカレーが何種類も並んでいて、スパイシーな香りが漂ってくる。値段を聞いてみると、カレーはライス付きでも20ルピー(約60円)とえらく安い。よっしゃ、初カレーといくか。私は豆のカレーをオーダーして簡素な木製のテーブル席に腰を下ろした。

見渡してみると、まわりのインド人はみな、右手を使って器用にカレーを食べている。その、リズミカルで優雅なこと。ああやって食べるとうまいものがもっとうまく感じられるに違いないと思った私は、早速、みんなの真似をしてそばの井戸水で手を洗い、右手でカレーを食べてみることにした。

ぱさっとしたライスにカレーの汁をかけ、右手でその汁を触ってと、ってもうアッチッチイーッ！　なんつー熱さだ!!　よくこんなにアツアツの汁と炊きたてのゴハンが触れるものだ。あせるな、あせるな。ちょっとずつ冷ましながら、カレー汁とライスを手でモチャモチャと混ぜ合わせてみる。おおっ、食べ物を生で触っている、この感触。ものすごく新鮮なのに、どこか懐かしい感じがするではないか。まるで、子どもの頃、砂場で泥遊びをしたときのような感覚だ。

どうにか指でご飯をつかみ、口の中に放り込んでみた。

ン!?　一瞬、思考が停止してしまう。マ、マズい！　なんなんだ、このカレーのしょっぱさは！　しかも、えらく水っぽいのだ。近所の天竺屋のインドカレーはあんなにうまかったというのに、本場のインドカレーがこんなにもお粗末だなんて、なんだかガッカリしてしまう。

ハァーッ。カレーとライスの山を前に、ため息しか出てこない。が、これが食べられないとなると、この先のインドライフがキツい。天竺屋のマスターから、種類は数あれど、インドの大衆食堂にはカレーぐらいしかないということを聞いていた。食事のたびにげんなりするなんてゴメンだ。ここはいっちょ腹をくくって、インドカレーに慣れておかねば。

しばらく〝無〟になって右手でカレーを食べる行為に専念していると、隣の兄ちゃんがジーッと私の食べる様子を見ているのに気がついた。「ディス　オーケー？（このやり方でいいの？）」と兄ちゃんに聞いてみると、彼は「いいかい？　こうだよ」という感じで、手での食べ方をゆっくり見せてくれた。

まず、カレーを混ぜたライスを、軽く握って指ですくう。それをスプーンのように口元に近づけて、親指でクイッと口の中に流し込むのだ。必死になって教えられたとおりに真似していると、私はどうにかゴハン粒をこぼさないで食べられるようになってきた。

「グッティスト？」

兄ちゃんが嬉しそうに聞いてくる。うまそうに食べている彼を前に、「マズい」なんてホントのこと、私には言えなかった。私は「イェー、イェー。グッド、グゥーッド」と言って、いかにもうまそうに食べるフリをしてみせた。

外国人が手で食べているのが物珍しかったのか、そのうち他のテーブルで食べていたおっちゃんたちまでがドヤドヤと私のまわりに集まりだした。人なつっこいおっちゃんらは、自分たちも何か言わないと気が済まないらしく、みなが口々に「もっとテンポ良く！」なんて言って指導してくるものだから、食べるのを途中でやめるわけにもいかなくなってきた。

すくってクイッ、すくってクイッ。コツがつかめて調子が出てきたぞ。

すくってクイッ、すくってクイッ。なんとなく、このカレーがそんなにマズいものでもないような気がしてきた。

すくってクイッ、すくってクイッ。ていうか、初めに思ったよりは結構イケるんじゃないか？

すくってクイッ、すくってクイッ。なんか、うまいじゃん、コレ！

私は「みんながあんなにおいしそうに食べているんだから、これは絶対うまいんだ！」と自分で自分を洗脳して食べているうちに、なんだか本当にこのカレーがうまいように思えてきたのだ。

てんこ盛りだったカレーを平らげ、口のまわりが真っ黄色になった私を見て、まわりのおっちゃんたちから拍手とどよめきが起きる。私は笑顔で彼らの歓声に応え、すっかり気分がよくなってしまった。

食後の散歩がてらに街を歩いていると、小さな男の子がすり寄ってきた。見ると、口元にガーゼを貼っていてケガをしているようだ。しかも、彼が着ている服はいたるところが破れてボロボロではないか。

「バクシーシ、プリーズ」

そう言って手を差し出してくる、いたいけな少年。どうやら「バクシーシ」というのは、施しを乞《こ》うときの言葉であるらしい。

「ノー、ソーリー」

丁重に断ってみるが、彼は悲しい顔をして「バクシーシ」の連呼をやめようとはしなかった。

少年は私にそっと手を触れ、その手をうやうやしく自分の額に当てるしぐさを何度も繰り返した。私を敬《うやま》っているということなんだろうか。いたたまれない気分になってくるが、私もまだ親に仕送りしてもらっている分際で、お金を施すような立場の人間ではないのだ。

「ノォー、ノーマネー。プリィーズ」

何をどう言っても、彼はいっこうにあきらめようとはしなかった。少年は口元のガーゼをはがし、今度は傷口を見せてアピールしてきた。それがまた「見て見てここ、痛そうでしょ、ねっ？」という感じで、やけにオーバーなアクションなのだ。フツー、そこまでするか？

ハァー、もうしょうがない。私は1ルピーの半分、50パイサを少年の手に握らせた。だが、彼はこんな額では不満だったらしく、「もっと、もっと」と盛んに金をせびりだしたのだ。

「ノォー、オールフィニッシュ！」

あげたのに、なんで足りないなんて言われなきゃならないわけ？　乞食にお金を恵んだのも初めてなら、図に乗られたのも初めてのことだ。

「モアモア～。マダーム、オンリー1ルピー。プリィーズ」

少年は顔を歪《ゆが》め、いかにも困っているのだという表情で私に迫ってくる。だだをこねるような甘えた感じで、しまいには私のTシャツまでギューギューと引っ張りだした。そのしぐさに、児童劇団風の演技が入っているように思えた私は、だんだんむかついてきた。

「ノーノー、ナッシング！」

そんなやりとりを繰り返しているうちに、同い年くらいの乞食の少年少女たちが、私のまわりにジャンジャン集まってきた。もう寄ってたかって「バクシーシ、バクシーシ!!」の大合唱なのだ。これではまるでカツアゲではないかっ。

「ノオオオオオーッ!!」

私が大声できっぱり叫ぶと、子どもたちはあきらめて散り散りになった。彼らはすぐにターゲットを変え、他の人にも同じことをやり始めている。ようやく彼らから解放された私は、正直ホッとしてしまった。

だがそうはいっても、相手はまだ幼い子どもだったのだ。貧しいのは彼らのせいではないし、食いブチを稼ぐために必死になるのは当然のことなのだ。私は、自分が弱い立場に置かれている人に対して、あんなにも冷たい態度を取れる人間なのだということを、彼らの姿を通して見せつけられたような気がした。

日が暮れて宿に戻ると、ロビーには日本人の旅行者たちがたむろしていた。それぞれ別々に来て、この宿で知り合ったのだという。学生の人もフリーターの人もいたが、共通なのはインド滞在が長いことで、みな相当のインド通だった。夕食を一緒にどうかと誘われ、私たちはカルカッタで評判のステーキを食べに行くことになった。

みんなでぞろぞろと街を歩いていて、突然、「マダーム」と声をかけられた。見ると、赤ちゃんを抱いたお母さんだ。サリーをまとったインド人の彼女が、私に道を聞くはずもなし。はて、いったいなんの用だろう。

私が立ち止まると、彼女は手を差し出してきた。

「プリーズ、バクシーシ、マダーム」

えぇ？　この人も乞食!?　私はわが目を疑った。お母さんは一見、普通のインド人女性となんら変わりがなかったからだ。薄い布を体に巻きつけるサリーは、着ているだけでエレガントに見える。彼女の耳と鼻にはピアス、腕にはブレスレットもしていて、私からすれば彼女は貴婦人そのものなのだ。

だがよく見ると、彼女のサリーにはいくつかほつれがあった。サリーの色合いも、地味といえば地味か。お母さんは泣きじゃくる赤ちゃんを近づけてきて、「この子がひもじがって」とけだるい調子で訴えてくる。いったいどうすればいいんだ。この赤ちゃんは、そんなにお腹が減っているんだろうか。

旅行者の中で一番の長老が言う。

「そんなふうにいちいち構ってちゃキリがないよ。あげないんなら、はっきりした態度を見せなきゃ」

そうか、ためらいはかえって失礼なのかもしれない。私は「ソーリー」と言って、彼女から逃げるように走り去った。少し離れてから振り返ると、彼女がフラフラと危なっかしい足取りで歩いているのが見えた。胸にじわじわと、なんとも言えない虚しさが込み上げてくる。乳飲み子を抱えたお母さんが物乞いだなんて、彼女の旦那はどこで何をやっているんだろう。

私は長老に聞いてみた。

「彼女は、ああするより生きる道がないんですかね？」

「インドの乞食は不可触民《ふかしょくみん》といって、カーストの中にも入ってないんだよ。法律上はもうカーストはないってことになってるんだけどね。1億人近くいるらしいよ」

1億ぅ!? インドの人口を10億とすると、10人に1人が乞食だということになる。

一緒に歩いている旅行者たちの応対は、さすがに慣れたものだった。まず、目を合わさない。シッシッ、寄るな、触るなという感じだ。そのうち私もこんなふうになるのかもしれないと思うと、なんだかゾッとしてしまう。でもやんわりと断っていたら、物売りと同じように、いつまでも付きまとわれるのは間違いないのだ。

着いたところは、立派なホテルの中にある上品なレストランだった。

まわりの客は、みなインド人の裕福そうなファミリーばかりで、ふくよかな体つきの彼らは、着ている服もビシッと決まっていた。それぞれのテーブルには清潔なテーブルクロスがかけてあり、花ビンにはバラの花まで生けてある。今まで見てきたインドとは、まるで別世界のインドがそこにはあった。

みなのオススメだけあって、その店のステーキは確かにうまかった。なのに、柔らかい肉がうまく喉を通ってくれないのだ。私はさっきの乞食の親子のことを思い出さずにはいられなかった。彼女たちの血色の悪さや、棒切れのように細い体が、頭にこびりついて離れない。彼女たちにあげる金はないのに、自分がステーキを食べる金はあるという事実が重くのしかかってくる。もしかしたらあの親子は飢え死に寸前だったのかもしれない、などと考え始めると、クーラーの効いたレストランで豪華なディナーにありついている自分が、とてつもなく冷酷な人間に思えて仕方がなかった。


その晩は、ドミトリーのベッドに横になっても、なかなか寝つくことができなかった。

私は、兄の「時代劇は好きか？」という問いかけを思い出していた。兄は江戸時代の身分制度を皮肉っていたのだということに、インドに来てようやく気がついたのだ。

うだるような暑さのなか、天井で回っているファンをぼんやりと眺める。自分が乞食を目の当たりにして、キレたり逃げたりした映像が何度も何度もフラッシュバックした。

物乞いされると、その人が本当に困っているのかどうか、いちいち判断する必要がある。インド中の乞食に恵むお金なんて私にはない。じゃあ恵まないと決めてしまえば楽になるかというと、そう簡単なものでもなかった。なんといっても、相手は自分と同じ生身の人間なのだ。「お恵みを……」と言いながらよたよたとすがりついてくる人に向かって、「ノー、ノー！」と延々言い続けることほど、気が滅入《めい》る行為はない。恵むにしろ、恵まないにしろ、後味が悪いことに変わりないのだ。インドの旅は、もしかしたら苦行なのかもしれないとさえ思えてきた。

この先、私はいったいどうなるんだろう。私の感覚は、いろんなことに麻痺《まひ》していくんじゃないだろうか。それとも敏感になっていくんだろうか。この国に着いてからというもの、ずっと自分を試されているような気がしてならない。とにかく来てしまった以上、インドに身をまかせるしかないのだ。

世にも不思議な人びと

夜行列車の奇妙な面々

カルカッタで何日か過ごすうちにインドにも少しずつ慣れ、私はそろそろどこかに移動したくなってきた。

思い立ったその足で、鉄道予約オフィスへと向かう。

外国人用の鉄道予約オフィスは、カルカッタのオフィス街にあった。中に入ってみると、インドの鉄道は思ったよりもずっと近代化されているようで、チケットの発券はすべてコンピューター処理で行われていた。だが、それに反して、働いているおっちゃんらの作業のトロいこと。すでに20人近くが順番待ち状態になっているというのに、30分たっても列はいっこうに動く気配がなかった。

インドは、なにかにつけて待たされる国だ。例えば、町の食堂でトーストを頼んでも、1時間近く待たされるなんてことがザラなのだ。なんでこんなに遅いのかと店の兄ちゃんに尋ねてみても、「今、パンを買いに行ってるから、もうちょっと待って」などとヌケヌケと言い返されてしまう。初めはこのインドタイムにイライラさせられたものだったけど、焦らずにのんびりいこうと私は心に決めた。この国で急ごうとすること自体が間違いだと気付いたのだ。

列に並ぶこと3時間。ようやく私の番が回ってきた。カウンターのおっちゃんは、インド人には珍しく銀縁メガネをかけていて、ちょっとインテリ風な感じだ。

「デリー方面に行きたいんですけど、どこかいいところってあります？」

私がそう聞くと、おっちゃんはつっけんどんに言った。

「アンタ、仏教徒？　ブッダゆかりの『ブッダガヤ』ってところがあるよ」

私は仏教徒というわけではないけど、仏教に興味はある。聞くと、ブッダガヤまでは列車で10時間近くかかるという。それじゃあ夜行にしてみるか。夜行だと、グーグー寝てる間に目的地に着けてしまえるのがいい。宿代だって浮くし、一石二鳥だ。明日なら夜行列車に空きがあるというので、私は二等寝台のチケットを購入することに決めた。

次の日の夕方、私は列車に乗るべく駅へと向かった。

カルカッタで最大だというハウラー駅は、英国風レンガ造りの立派な建物だった。だだっ広いロビーは、列車を待つ人、人、人であふれ返っている。この人たちはみんな、これからどこへ行こうとしているんだろう。ベンチで静かに新聞を読んでいる老人。敷物の上に川の字になって寝ている家族。しゃがみ込んで煙草を吸う男。チャイを飲みながらおしゃべりに夢中な女たち。走り回って遊んでいる子どもら。人によって、待ち時間の過ごし方もさまざまだ。

それにしても、建物の大きさにしろ人の多さにしろ、東京で見慣れているはずなのに、いちいちドキッとさせられるのはなぜなんだろう。きっと、インドはギャップが激しすぎるんだ。デカいものと小さいもの。美しいものと汚いもの。善人と怪しい人。お金持ちと貧乏人。なんでも平均化されている日本と違って、この国はそれぞれの特徴があらわになっているような気がする。

駅員らしき人に聞きまくって、ようやくホームにたどり着いた。

各車両のドア付近には、コンピューターで打ち出された予約表が貼ってあった。予約表のまわりには乗客たちが集まっていて、みな真剣な面持ちで自分の名前をチェックしている。私はなんだか合格発表を見るときのように緊張してきた。ちゃんと取れてるかなぁ。えーと、私の名前はっと。あったあった、『TERUKO TAKANO』の文字。やっぱりコンピューターはきっちりしている感じがして、こういうときは安心だな。

車内に足を踏み入れると、通路は人と荷物でごった返していた。

◆人がドアそのものになるインドの満員列車

人混みをかき分けてようやく自分の座席を見つけると、向かいあった3人掛けのシートは、なぜかすでに6人の男で満席になっていた。通路側の私の席には、見知らぬヒゲの兄ちゃんがデーンと座っている。あれ？　そこは私の席のはず。そうか、きっとこの人、席を間違えてるんだな。

「エクスキューズミー。ディスシート　イズ　マイシート」

ヒゲの兄ちゃんは無言のまま、チラッと私を見上げた。すぐに席をどいてくれるのかと思いきや、彼はいかにも面倒臭そうな顔で、自分の左側に座っているふたりの男を窓際にギューギューと押し込みだしたのだ。やっとのことで、シートの端っこに拳《こぶし》2個分ぐらいのスペースができる。それだけすると、兄ちゃんは「フン、これで文句ないだろ」という顔になり、もう完全にノーリアクション。

えぇー!?　そこは私の席だって言ってるのに!?　自分の非を認めるでもなく、相席を乞うわけでもなく、なんなのそのフテブテしい態度は！

しかし、こうも堂々と居座られてしまうと、私は何も言えなくなってしまった。仕方なく、おずおずと遠慮がちに兄ちゃんの隣に座ってみる。お尻は半ケツどころか、3分の1ぐらいしかシートにのらなかった。自分の席だというのに、なんで私がこんなに窮屈な思いをしなきゃなんないいんだ。鉄道予約オフィスのコンピューターとか、列車に貼ってあった予約表って、いったいなんだったんだよ!!

いろいろウジウジ思うが、私の完敗だった。兄ちゃんの罠《わな》にハマってここに座ってしまったということは、今やこの状態を認めたも同然なのだ。しかも、こうもだんまりを決め込まれると、ケンカの売りようがない。彼はただ隣でおとなしく座っており、私とて一応、座れているのだ。

まわりでも同じようなことが続出しているようで、乗客同士があちこちでもめ合っていた。「オイ、そこどけよ」「んなこと言われたって、オレの席に座ってる奴がいるんだから、しょうがねぇだろ!」「っだとぉ！　そりゃあどこのどいつだ!?」なんてことになっているらしく、車内はいっせいに〝フルーツバスケット〟状態と化している。そこに仲裁やらヤジやらが入って、えらい騒ぎになってきた。おぉ、くわばらくわばら。半ケツで命に別条があるわけでなし。とりあえず、ここに座って様子をみることにしよう。

夜の8時を過ぎ、ようやく列車が動きだした。車内の席取り合戦も一段落したらしく、みな収まるところに収まったようだ。ガッターン、ガッターン、ガッターン。ディーゼル列車が立てる大きな音に、私の心臓のドキドキ音はかき消されてしまう。

ホームには、オレンジ色の白熱灯がぽつぽつと灯《とも》っていた。柔らかい光に照らされて、人びとの姿がチラホラ見える。手を振り合って別れを惜しむ家族。走ってついてくる物売りの子どもたち。どこから入ったんだか、ホームにデーンと横たわっているウシたち。

長いホームが途切れ、列車は夜の闇の中を走りだした。

初めての夜行列車で旅情に浸りたいところだというのに、私はいかんせん半ケツ。座って30分もたたないうちから、ケツがじんじんと痛みだした。諸悪の根源である隣の兄ちゃんをグッと押してはみるが、彼のボディはシートにくっついているみたいに固くてビクともしなかった。

数時間が経過し、まわりが寝台の準備をし始めた。一番上の荷物棚はそのまま寝台として使うらしく、中段の寝台は、座席の背もたれを持ち上げて鎖で吊って固定している。下段は今座っているこの場所がそのまま寝台になるようだ。

だんだん不安が募ってくる。今はまだよしとして、寝るときはいったいどうなるんだろう。こんなに狭いところで、まさか兄ちゃんと添い寝ぇ⁉ 私の寝台だっていうのに⁉

車掌らしきおっちゃんが、チケットの確認に回ってきた。おお、この機会を逃してはなるまい。私は勇気を出して訴えてみた。

「すみません！ 私の席に人が座ってて、私の寝るところがないんです！」

おっちゃんはフンフンとうなずくと、「カモーン」とひと言。小柄なおっちゃんが、混雑しまくっている車内をヒョイヒョイとすり抜けていく。荷物を背負って、私もあわてて後を追った。これでおっちゃんを見失ったら、今宵、私は車内ジプシーになってしまう。

彼は2車両ほど行って立ち止まると、あるシートを指差した。

「ディス？」

「イエス、イエス」

おっちゃんはそう言うと、何のケアもなしにさっきの車両へと戻ってしまった。見ると、確かにひとり分のゆとりがある。上段の寝台にはすでに男が横になっていて、シートに座っているのは、インド人の夫婦と男の子の3人家族だけだった。しかし、ごつい体格のオヤジさんがえらく頑固そうな感じで、おっかないったらありゃしない。

おそるおそる、声をかけてみる。

「ナマステー（こんにちはー）。アー、ディス　オーケー？」

貫禄たっぷりのオヤジさんが、首をガンと横に振る。どうしよう。やっぱり元の席に戻った方がいいんだろうか。でも、もうすでにあの兄ちゃんが、私の寝台を陣取ってしまっている気もする。

私が突っ立ったままでいると、彼は威厳に満ちた声で「シッダウン！」と言った。

はぁ？　いいの？　ダメなの？　いったいどっちなんだ。

「アイウォントゥーシット。アーユー　オーケー？」

再度、確認してみるが、オヤジさんはまたまた首をきっぱり横に振った。そのくせ口では「カモーン！」と言ってくるものだから、いよいよわけが分からない。言ってることとやってることが、てんでバラバラなのだ。

どうしたものかとためらっていると、おやじさんはすっくと立ち上がり、私を席までエスコートしてくれた。「OK⁉」と私は尋ね、おやじさんが首を横にかしげながらも「オフコース！」と言ったのを聞いて、彼の言葉に嘘はないらしいことが分かった。ハッハーン、ようやく謎が解けたぞ。会話が妙にチグハグすると思ったら、インドの〝イエス〟のアクションは、首を縦ではなく、横に振ることになっているようなのだ。

オヤジさんが、どデカい声で聞いてくる。

「どこの国から来たんだぁー‼」

マッシュルームカットで、いかにも腹式という感じの声を出すオヤジさんは、まるでどこかの国のオペラ歌手みたいだった。確かに列車の音があまりにもうるさいから、叫ばないことには話もできない。

「日本ですーっ‼」

私も大声で答えた。

「そうかー！　日本かぁー、日本‼」

オヤジさんは、顔は怖くても悪い人ではなさそうだった。お母さんが、持参のポットでチャイを入れてくれる。男の子は恥ずかしがり屋なのか、目が合うと照れ笑いをして、なんとも可愛らしい。

オヤジさんは「名前はー!!」「学生かー!!」「東京からかー!!」と矢継ぎ早に質問してきた。そのたびに大声で、しかもアクションつきで話さなきゃならないものだから、会話はますますオペラ調になり、喉《のど》はかれてくるわ、腕はだるくなるわで、京劇の芝居でもやってるみたいな気分になる。

「日本のぉー、ヒロシマとナガサキの原爆はぁー、悲劇だったなぁー!!」

「原爆ぅー!? えぇー、はぁー、おっしゃるとおりでー!!」

会話がどんどんヘビーになっていく。まぁそうはいっても、私だってインドについて知ってることといえば、「イギリスの元植民地」と「ガンジー暗殺」ぐらいのものなのだ。『悪事千里を走る』とは、うまいこと言ったものだと思う。例えば新聞を見ても、「この国でこーんなに良いことがありました」なんていう明るいニュースはまず載っていない。やれ事故が起きて何人死んだとか、暴動が起きてえらいことになっているとか、ニュースといえば恐ろしいものばかりだ。そういうネガティブな情報でしか世界を知らないから、よその国は怖く感じられるのかもしれないな。

夜の12時を過ぎても、オヤジさんは話をやめようとはしなかった。次第に目がトローンとしてきて、オヤジさんのマッシュルームカットがいくつにもダブって見えた。お母さんもボクもさすがに眠そうだ。だが、オヤジさんはもう日本について知っている情報を全部、口にしないと気が済まないみたいだった。オヤジさんの大演説と質問攻めが延々と続く。

「じゃあ、そろそろ寝るとするかー!!」

今の今までマシンガントークを繰り広げていたというのに、オヤジさんの唐突な就寝宣言。オヤジさんは背もたれを鎖で吊って固定しだし、お母さんも眠い目をこすりながら寝床の準備を始めている。インドのお父さんはいかにも亭主関白という感じで、なんだか昔の日本のお父さんと雰囲気がそっくりだ。

私は中段の寝台で眠ることになった。昼はあんなに暑かったのに、夜になってえらく冷え込んできた。窓には鉄格子があるだけでガラスも入っていないから、冷たい風がビュービューと吹きつけてくる。寝台車といっても、単に寝る場所があるというだけで、シートには枕もシーツも何もなかったのだ。

寒さに震えている私を見たお母さんが、持参の薄い毛布を貸してくれた。

「オーー!　ダンニャワード（ありがとう）」

私がお礼を言うと、お母さんは優しく微笑んで首を横にかしげた。そのしぐさが「いいのよ」という意味だということが、今度はすぐに分かった。

ガッターン、ゴットーン。ガッターン、ゴットーン。列車の音と揺れは相変わらずだ。天井のファンが、うなりをあげて回っている。あぁ、私は今、インドの夜行列車に乗ってるんだなぁ。ブッダガヤって、いったいどんなところなんだろう……。


爆睡している私の耳元で、誰かが話しかけてくる。目を開けてみると、そこには見たこともないインド人の男が３人、私の顔をジーッとのぞき込んでいた。

「ヒャーッ!!」

私はあまりの恐ろしさで、思わず声をあげてしまった。なんなんだ、アンタたち！　人の寝込みを襲って、いったい何する気だよ!!

「ファーット!?　アイム　スリーピング!!」

強い口調で私がそう言うと、いい年こいた男たちは、揃ってモジモジしだした。どうも悪人という感じでもない。しかし、いきなり夜中に叩き起こされてモジモジされたって、こっちだって困る。

男たちはみな、30代半ばくらいに見えた。インド人がいくら老けて見えるとはいえ、どう考えても20代の若者ではないだろう。ようやく、70年代のフォークソング歌手みたいなモジャモジャヘアの男が口火を切って言った。

「マダーム。ドゥユウハブ……カメラ？」

カメラぁ？　さてはアンタらカメラ泥棒だな！　って、でも、泥棒がなんでいちいち盗むものを確認するんだ？　いったいアンタたちの目的はなんなんだ!?

「ホワーイ!?　ホワイ　ユーニードッ!?」

「アーン……。カメラ、テイク、テイク」

どうやら男たちは「写真を撮ってくれ」と言っているようだった。しかし、写真を撮ってもらいたいからって、フツー、こんな夜中に寝てる人間を起こすかぁ？　時計を見ると、もう夜中の2時過ぎではないか。私は別に、車内でカメラを見せびらかした覚えもない。たぶん、外国人の旅行者ならカメラを持っているに違いないという推測だったんだろう。

私はあまりに唐突な申し出に面食らってしまった。だが、真剣な眼差《まなざ》しでポートレートを撮ってほしいとせがむ純情そうなサーティーズ・トリオを見ていると、しょうがない、撮ってあげるかという気にもなってきた。

「オーケー」

そう答えたときの、おっちゃんたちの嬉しそうな顔といったらなかった。なんだかよく分かんないけど、かわいいなぁ、このおっちゃんら。

枕にしていたリュックからコンパクトカメラを取り出し、いざ撮ろうとカメラを向けると「ちょっと待った！」の声がかかった。ビーバー似の出っ歯なおっちゃんが、通路を挟んで向かい側のシートで寝ていた男を叩き起こし、撮影に備えてクシを借りてきたのだ。ビーバーはクシをゲットすると、のんきに髪の毛を整え始めた。オイオイ、そんなことしたって、たいして変わんないってば。私は思わず吹き出しそうになってしまったが、その姿があんまり熱心なので、笑うのをこらえるのに必死だった。インド人の男は洒落《しゃれ》っ気なんて全然なさそうに見えて、ヘアスタイルには結構気を使ってたんだなぁ。

ようやくビーバーのセットが終了し、準備オーケーかと思いきや、他のふたりも髪を整えないと気が済まなくなったらしい。モジャモジャ頭がビーバーからクシを奪い取り、ヘアセットにかかり始めた。モジャモジャ頭はご機嫌に鼻唄なんかを唄いだし、そのうち眉毛まで整えだしたからたまらない。セットはなかなか終わりそうにもなかった。

「ねぇねぇ。あのさ、気が済んだら起こしてよ」

私はそう彼らに言い残し、うつらうつらとまた寝入ってしまった。

「マダムッ、マダムッ」

しばらくして、男たちの声で目が覚めた。鉄製のはしごをつたって下に降り、おっちゃんらを見ると、幾分かすっきりした感じがしないでもなかった。さっきクシを借りるために叩き起こされた男が、「自分の席を使っていいよ」と撮影にえらく協力的だったので、私はおっちゃんら3人をシートに座らせてみた。だが、念入りなセットを終えたせいなのか、彼らの表情はガチガチだった。

「みんな、髪が決まってハンサムになったじゃん」

私がお世辞を言ってみると、おっちゃんたちはちょっと嬉しそうな顔になった。が、すぐに真面目な顔に戻り、あくまでポーズを崩そうとはしないのだ。まるで七五三みたいに緊張しているものだから、表情が硬い、硬い。

気合が入りまくっているおっちゃんらに注文をつけてみる。

「プリーズ、スマーイル！　モアリラ〜ックス、リラ〜ックス」

左端の兄ちゃんなんて、いくら「こっちを見て」と言っても、視線を外した方がカッコいいのだと言って聞かない。しょうがない、慣らしに一発撮ってみるか。私がカメラを構えて「テイクフォト、オーケー?」と声をかけると、彼らの声が揃った。

「イエーッ!!」

カシャーッ。

スリーショットの写真を一枚撮った途端に、おっちゃんらはものすごく満足した顔になっ

◆夜行列車で出会ったナゾの３人組

た。そして、さっと席から立ち上がると、彼らは「サンキュー、マダム、バァーイ!!」と言い、笑顔で手を振りながらどこかに行ってしまったのだ。

えぇーっ!? これだけでいいの!? 男たちが「写真を送ってくれ」とも言わず、あまりにもあっさり去ってしまったので、私はなんだか拍子抜けしてしまった。私はてっきり、彼らは自分たちの写真が欲しいものだとばかり思っていたのだ。

いったい、おっちゃんらの目的はなんだったんだ!? 彼らは単に、写真を撮られるのが大好きな人たちだったのか？ それとも、私のメモリーの中に収まりたかっただけなんだろうか？ 去られてしまった今となっては、真相は藪《やぶ》の中だ。

私はプハッと吹き出して、それから笑いが止まらなくなってしまった。世の中、おかしな連中がいるもんだ。確かに私はアンタ方のことを絶対忘れないだろうよ。忘れようと思ったって、忘れられるキャラじゃないよ。おやすみ、サーティーズ・トリオ！

ブッダガヤの不良インド人

「てるこっ、てるこぅーっ！」

オヤジさんの、どデカい声で目が覚めた。

「おっはようさーん!!」

中段の寝台から見下ろすと、向かい側の下段シートで、昨日のインドファミリーが朝食をとっていた。早起きな彼らは、さっさと寝台を片づけてしまっていたのだ。

「早く起きて、キミも食べたまえ！」

朝っぱらから、オヤジさんはえらいハイテンションだった。はしごをつたって下に降りると、お母さんが私の分のチャイを入れてくれて、手作りのチャパティ（インドのパン）を勧めてくれた。

「我々はー、次の駅で降りる。てるこはそのあとの『ガヤ』という駅で降りなさい」

「ガヤ？　私はブッダガヤに行くつもりなんだよ」

私が反論すると、オヤジさんは強い口調で断言した。

「そんな駅はなーい！　ブッダガヤへは、ガヤからリキシャかバスに乗るんだ」

そういやチケットを買ったときに何か言われたんだけど、いまいち英語がよく分からなかったんだっけ。オヤジさんが起こしてくれなかったら、私はこのまま寝過ごしてしまうところだったのだ。オヤジさんのモーニングコールといい、お母さんの自家製パンといい、彼らの優しさが身に沁《し》みて胸がジーンと熱くなる。もうすぐこの家族ともお別れかと思うと、なんだか寂しくなる気がした。

オヤジさんが、何か書くものはないかと聞いてくる。私がメモ帳とペンを渡すと、列車が激しく揺れている中で、オヤジさんはなにやら懸命に地図のようなものを書き始めた。

「これはー、私の家までの行き方だ」

オヤジさんは書いたメモに沿って、事細かに自分の家の場所を説明しだした。

「ブッダガヤからはすぐそこの距離だから、帰りに必ず寄りなさい。いいね？　キミが来るのを待っているからな！」

オヤジさんの物言いは強引だったけど、私は彼の気持ちが嬉しかった。この旅の道中に知り合った旅行者から、「インドでは、外国人のカースト（身分）はかなり低いとされているらしいよ」と聞かされて以来、インド人と本当の意味で親しくなるのは難しいのかもしれないと心のどこかで思っていたからだ。オヤジさんたちは、異文化に対する好奇心はあっても、私を色眼鏡《いろめがね》で見るようなことは決してなかったし、彼らの態度はあくまでフレンドリーだった。この家族ともっと仲良くなりたいと思った私は、オヤジさんの申し出を喜んでオーケーした。

インドファミリーが次の駅で降り、オヤジさんのオペラ声が聞こえなくなると、車内は急に静かになったような気がした。列車はときどきポォォォォォ――――ッと長い汽笛を鳴らし、黒い煙を吐いた。

窓際に移って、外の風景をぼんやり眺める。いくつかの集落を通りすぎた。見渡す限りだだっ広い荒野を、手ぶらで歩くお父さんと少年がいる。彼らはいったい、どこへ何をしに行くんだろう。

広々とした畑でひとり働いている女の人の姿が見えた。緑の中に一点、色鮮やかな赤いサリーが風になびいている。彼女はいつも、あんなに大きな畑をひとりで耕しているんだろうか。

小学生ぐらいの子どもたちが、連れ立って歩いている。赤茶けた大地がはるか遠くまで広がっていて、まわりに建物らしきものは何も見えない。彼らは毎日、登校するのにどれぐらい歩くんだろう。

車窓から見える風景はいつも切ない。いろんな人の、いろんな生活を、瞬時に垣間《かいま》見る。向こうもふとこちらを見たりして、手が届きそうなくらい近くに彼らを感じるのに、目に映るすべては一瞬で、はるか彼方へと流れ去ってしまう。私がどこにいて何をしていようと、彼らの日常は繰り返され、私の日常も続いていくのだ。

こんなふうに目の前をビュンビュン過ぎていく風景を眺めていると、出会いの尊さを思わずにはいられなくなる。毎日、毎日、目にする人の数は膨大でも、実際に出会える人はごくわずかなのだということを実感させられるからだ。限りある人生のなかで、私はいったいどれだけの人に出会えるんだろう。旅先でも普段の生活でも、この世で出会えた人はみな、地球の人口からしてみれば、何十億分の一という凄い確率で出会えた人なのだ。そう考えると、せっかく出会えた人とは、なるたけ楽しい時間を過ごしたいものだと思う。

ブッダガヤは、田舎の小さな村という感じのところだった。

とりあえず、ブッダゆかりの場所だという大きな塔のある寺に向かう。寺の入り口で靴を脱いでいると、中から東洋人の青年ふたり組が出てきた。長旅の旅行者のようで服装がすっかりインド風になっていたが、彼らが日本人だということはすぐに分かった。向こうもひと目で私が日本人だと分かったらしく、お互い「こんにちはー」と声をかけ合う。

インドではなぜか、こんなふうに日本人の旅行者同士が気軽にあいさつを交わし合うことが多い。初めは同じ日本人というだけであいさつするなんて、なんだか不思議な気もしたけど、今では日本人を妙に避けようとする日本人の方がよっぽど不自然な感じがした。私にしてみれば、普段は自分が日本人だと意識することもないから、異国で出会った同胞（！）に声をかけるという行為は、多少照れ臭くも新鮮な感覚だった。

「ブッダガヤで、どこかいいところってあります？」

私はこの辺りのことを彼らに尋ねてみた。

「寺はたくさんあるけど、一日もあれば全部歩いて回れるよ」

「ボクらはもうブッダガヤを出るところなんで、よかったらどうぞ」

彼らはそう言って、ちぎって持ち歩いていた『地球の歩き方』のブッダガヤのページを私に渡してくれた。

境内に入ると、辺りにはお香の匂いがほのかに漂っていた。大きな菩提樹《ぼだいじゅ》の木の葉っぱが風に揺れ、サワサワと涼しげな音を立てた。菩提樹から木漏れ日が差し込み、金色の仏像が神々しく輝いている。仏像の前では、東洋人の僧たちが熱心に祈りを捧げていた。ブッダもここで瞑想《めいそう》したのだと思うと、私もどことなく神妙な気持ちになってくる。せっかくだから座禅でも組んでみるか。菩提樹の下にしゃがんで、私も目をつぶってみることにした。

するとと、1分もたたないうちに妙に明るいインド人が日本語で話しかけてきた。

「ハーイ、コンニチハー。元気ぃー？　アナタは、日本人デスネーッ。ココ、分かる？　2500年前、ブッダは35歳ネ。この菩提樹の下で、悟り、開きましたヨーッ」

人がせっかくおごそかな気分になっているというのに、なんなんだ、この男!?　お前は『お母さんといっしょ』のお兄さんか!?

「あのさ、どうでもいいけど、ひとりにしといてくんない？」

「ここにはぁ、いろんな国のブッディストが来まぁす。ターイ、ツィベーット、チャイナー、ミャンマー、ネパール、スリランカー、ブータン。ブッディストの聖地ですネーッ」

おっさんはねちっこく、ウスラペラペラと話しかけてくる。こっちが聞いていようがなかろうが、そんなこと全然お構いなしだ。

インドの観光名所には必ずと言っていいほど、こんなふうに勝手にガイドをしてくる男がいる。「いらない」と断ってもしつこくついてきて、最後にはガイド料なるものを請求してくるのだ。

「聞いたってどうせ忘れちゃうんだから、ガイドはいらないってば。いくらガイドしてきても、いらないものに金は払わないよ」

「ワタシ、ガイドちがうネ。アナタのトモダチー」

会った途端に「あなたの友だち」などと気色の悪いことを吐《ぬ》かし、にやけた顔でまとわりついてくるおっさん。場所が場所なだけに大声で怒ることもできずにいると、おっさんはつけあがって商売根性を丸出しにしてきた。

「アナタ、ホテルは？　どのくらい泊まるつもりー？」

「チャイ飲むぅ？　チープでおいしいレストラン連れてくヨ」

「ねぇ、ジュズ欲しい？　グッドなジュズあるヨ。見るだけタダネーッ」

おっさんを無視し、さっきもらった『地球の歩き方』を読んでみる。そこには旅行者から寄せられた情報が載っていた。タイトルは「ブッダガヤの不良インド人」。へー、なになに。

〈マハーボーディ寺院には、日本語がペラペラのインド人がいて……〉この寺のことじゃん。

〈日本人旅行者を言葉巧みに連れまわし、ホテルの世話をしたり、食事をおごったりと親切にしておき、いろいろしてくれた後で、法外に高い値でいろんなものを買わせるので、要注意!!〉

なんだかこの目の前のおっさん、ここに書かれている「不良インド人」情報とあまりに似てやしないか？　こういう怪しいおっさんは強気で迫ってくるから、こっちも強気でいかなきゃダメだ。よーし、ちょっとからかってやれ。

「ねえ、あんたさ、なんて名前？」

おっさんが答えると、私はやっぱりという顔でうなずき、ガイドブックをちらつかせて言った。

「まっずいんじゃないのー？　これさ、日本で一番フェイマスなガイドブックなんだけど、あんたのことが名前入りでばっちり書いてあるよ」

私がそう言うと、おっさんは途端にそわそわし始めた。

「ナニ？　ワタシのこと⁉　ナニ書かれてあるの⁉」

私はもったいぶって記事とおっさんとをチラチラと見比べては、大げさに驚いてみせた。

「うわっ！　そうなんだー。へぇ〜。ハァ〜。おっさんも、この本にここまで書かれりゃ、日本じゃもうベリフェイマスマンだね」

「ナ、ナニですか⁉　ワタシ、ナニ⁉　教えて‼」

おっさんは動揺し、やきもきしまくっている。こうなったら先手必勝だ。相手のペースに巻き込まれる前に、こっちのペースに巻き込んでしまえ！　私はガイドに載っていた記事の内容を、いくらか誇張して読んであげた。

「あんたはインド人の中でも、サイテー最悪の人間だって書いてあるよ。みんな、おっさんに騙《だま》されたおかげで、インドのイメージが台無しだってさ。フーン。あんた、そんなにひどいことをやってるんだ」

「ワタシ、そんなワルいことしてナイヨッ！　みんなに親切しただけ。ホントヨ!!」

おっさんの顔はみるみる青ざめ、必死になって否定し始めた。あ、マジであんたのことだったの？　分かりやすいやっちゃなー。少しは懲らしめてやるか、なんて思って、私はもう悪ノリし放題。

「みんな、相当、怒ってるみたいだね。この本を出してるビッグカンパニーにさ、何百人もの人が、おっさんへの恨みつらみを手紙に書いてきたんだってよ」

インドの人口に合わせて、多少、人数も増やしてみる。

「オーノォー!!　日本人みんな、喜んでたヨ。ワタシ、ワルい人違う、違うっ」

必死に言い訳をするおっさんの額には、脂汗が出まくっていた。

「おっさんがいくらそう思っててもね、結局、相手に伝わったことが自分の伝えたことなんだよ。そんなに悪いことばっかりやっててさ、自分の神様に恥ずかしくない？」

インド人は信心深いから、さすがのおっさんもこの言葉にはガツンときたらしい。おっさんの態度は、たちまち豹変《ひょうへん》してしまった。

「アナタ、暑いネ？　ジュース飲みたい？　飲みたいよネッ」

「まぁ、どうしてもって言うんだったらぁー、飲んであげてもいいけどぉー」

なんだか私まで調子が狂ってきて、イケイケギャル風になってきたではないか。

おっさんはダッシュでビンジュースを2本買ってきて、私に差し出した。

「ワタシのごちそうヨ。ワタシ、イイ人、信じて!!」

木陰を勧められ、おっさんの買ってきてくれたジュースを飲む。『リムカ』というその炭酸ジュースは、スプライトにレモンを絞ったような味でなかなかうまかった。ひんやりした空気の中にいると、汗がスーッとひいて気持ちがいい。

おっさんはといえば、さっきまでの勢いはどこへやら。ジュースをチビチビ飲みながらガックリ肩を落とし、かなりこたえている様子だ。しかし、神様の話を持ち出してからのおっさんの変わりようといったらなかった。おっさんをここまでへこませる神様の存在。無宗教の私には、宗教というものがいまいちよく分からないのだ。

「おっさんはさー、やっぱ、ヒンドゥー教を信じてるの?」

私は、しょんぼりしているおっさんに声をかけた。

「オフコース。インドにはたくさん宗教がありますけど、80パーセント以上はヒンドゥー教徒ネ。アナタもブッディスト?」

この質問をされるたびに、どう答えていいものか迷ってしまう。私が死んだときには、たぶん葬式はお寺ですることになるだろう。そう考えると、自分が仏教徒だという意識はないのだが、だからと言って仏教徒ではないとも言い切れないような気がした。

「ウーン。どれかひとつって言われれば、やっぱりブッディストなのかなぁ」

「ブッダも、ヒンドゥー教の神様、ビシュヌの化身ヨ。だから、アナタもヒンドゥーみたいなものネ」

どうもインド人は、仏教をヒンドゥー教から分かれた宗派のように解釈しているらしかった。インドで生まれた仏教はどこに行ってしまったんだろうと不思議に思っていたのだが、仏教は年月を経て、ヒンドゥー教に吸収合併されてしまったようなのだ。

おっさんは頼みもしないのにずっと私についてきて、ブッダガヤ中をガイド付きで案内してくれた。

「アナタ、次、どこ行きたい？　ワタシ、なんでもするヨ！」

おっさんの態度は、いかにも自分のいいところをアピールしようという魂胆が見え見えだったけど、その必死な感じがなんだかいじらしかった。このおっさんも、ホントはそんなに悪人でもないんだろうなと思えてくる。おっさんは知識が豊富で説明も分かりやすかったし、冗談を言い合っていたおかげで、今日は時間が過ぎるのがやけに早いような気がした。

「もう夕方だし、そろそろ戻ろうかなぁ」

ブッダガヤの寺はほぼ見てまわったし、私は今日のうちに夜行列車で出会ったファミリーの家に行きたくなってきたのだ。

「なら、ワタシにまかせて！」

おっさんはそう言うと、客待ちのオートリキシャマンに親しげに声をかけ、値段交渉を始めた。どうやらこのおっさん、この辺りじゃ相当、顔がきくらしい。

「カレ、ワタシの友だちネ。アナタ、40ルピー（約120円）でOKヨ」

それは安い。来るとき、オートリキシャに「いくら？」と聞いてみたら、初めの言い値は確か100ルピーだった。行きはバスで来たから、帰りはリキシャにしてみるか。そうと決めたら、オサラバだ。私はそそくさとオートリキシャに乗り込んだ。

「じゃあね、おっさん。もうあんまり悪いことやっちゃダメだよ！」

「ワタシ、ワルくないヨ！　日本のみんなに、ワタシ、ワルくないって言っといてネ！」

日本のみんなになんてどう言やぁいいんだよっ、と思いつつ、私は調子に乗って胸をバーンと叩いて言った。

「オーケー、オーケー！　みんなに言っとくよ、私にまかせときなって!!」

リキシャから、おっさんにバイバイする。おっさんは必死になって手を振っていた。

「日本のみんなに、ヨロシクネーッ!!」

おっさんの姿が見えなくなってから、私は彼がガイド料もマージンも請求してこなかったことに気がついた。どうやらおっさんは、私が最初に「勝手にガイドしようが、頼んでないサービスに金は払わん！」と言ったのを律儀に守ったようなのだ。

ぼったくり商売をやってきたおっさんの肩を持つわけではないけど、確かにインドにはモノに値段があるようで無いようなところがある。観光客に「いくら？」と聞かれれば、商売人は当然、自分の欲しい金額を答えるだろう。「高い金を払わされた」などと後でブーブー言うくらいなら、どうして納得のいくまで値段交渉しなかったのだと言いたくなる。客の方は、提示された値段でオーケーなら買えばいいし、その値段が自分にとって高いなら買わなければいいだけの話なのだ。

インドを旅しているうちに、私は自分がだんだんおおらかになってきたような気がする。毎日うだるように暑いし、いろんな人間がうようよいるし、みんな時間にルーズだし、何でもあり状態のこの国では、小さなことが気にならなくなってくるのだ。いや「気にならない」というよりはむしろ、「いちいち気にしてられない」と言った方が正しいかもしれない。

ただおおらかはおおらかでも、自分の言いたいことはハッキリ言えるようになってきた。性格にメリハリがついてきた、とでも言おうか。たいていのことは大目にみるけど、怒るべきときにはきちんと怒る。そうしないことには、理不尽なことを言ったり約束を守ろうとしないインド人に振り回されてしまうからだ。

　インドという国は、人を否が応でも強くする。以前なら、うさん臭いオヤジに付きまとわれると、相手から逃げることしか考えていなかったというのに、最近じゃこっちにも余裕が出てきて、どうせなら楽しんでやろうという気持ちにさえなってきた。なにしろ、悪名高い〝ブッダガヤの不良インド人〟ですら、私にとってはただの「気のいいオヤジ」でしかなかったのだ。

恐るべし！〝すぐそこ〟

　ガヤ駅から列車でオヤジさんちの最寄り駅に着いた頃には、日が落ちて辺りは真っ暗になっていた。オヤジさんのメモには『駅からバスに乗る』と書いてあったので、駅員のおっさんに尋ねてみる。

「すいません、バスに乗りたいんですが」

　駅員のおっさんが、私のメモをのぞき込んで言う。

「あぁ、ここ行きのバスは、今日はもうないよ」

「じゃあこの辺に、ホテルってあります？」

「いや、ない」

　ガーン。ない!? ないってどういうこと!? しかし、ないものはないのだ。私は気を取り直し、ホームで朝が来るのを待つことに決めた。寒い季節ならいざ知らず、今は思いきり夏なのだ。屋外キャンプだと思えば、なんてことない気がしてきた。

ホームには薄明かりが灯《とも》っていて、どことなく幻想的なムードが漂っていた。オレンジ色の白熱灯の近くには、私以外にも列車を待つ家族たちがいて、身を寄せ合うように壁沿いに固まっている。なんにせよ、人が近くにいると安心するものだ。リュックを手にくくり付け、コンクリートの上に横になってみた。ひんやりした感触が、思ったよりもずっと気持ちいい。そのうち睡魔はゆるやかにやって来て、私はいつの間にか眠ってしまった。

朝、自然に目が覚めた。よく寝たせいか、体の調子もすこぶるいい感じだ。我ながら、タフになってきたものだと思う。

バスターミナルに着いてしばらくすると、オヤジさんの指定したバスがやって来た。荷物を抱えた人びとが、順繰りにバスの中に乗り込んでいく。このまま席に座ってしまうと、降りるタイミングが分からずオタオタすると思った私は、バスを仕切っている車掌の兄ちゃんに前もって自己PRしておくことにした。

「すいません、ここに着いたら、私に教えてくれる？」

彼は私のメモをちらっと見ると、首を横に傾けた。うーん、どうもそのリアクションは人を不安な気持ちにさせる。

「ねぇねぇこの顔だよ、このちっこい目。絶対に忘れないでね！」

「ＯＫ、スモールアイズ。オーケーッ!!」

兄ちゃんがきっぱりそう言ってくれたので、私はホッとしてバスに乗り込んだ。

私が席につくと、そのうち車内は満席になったのだが、それでも乗客は次から次へとバスに乗り込んできた。後方の通路から前方のドア付近まで、空間という空間が人で埋め尽くされていく。そのうえ、やけにバスが揺れるなと思っていたら、バスの屋根についている荷物置き場にまで、人がジャンジャン座りだしたようだった。

ドライバーのおっちゃんは、慣れた感じで乗客の男たちと談笑している。なんの話をしているんだか、肩まで叩き合って和気あいあいだ。インド人は、はたから見ている分には本当に仲が良さそうに見える。こういう情景を見ている限り、インドにカーストなんてものが存在していること自体、信じられないくらいだ。

30分ほどたって、ようやくバスが走り出した。

隣に座っているおっちゃんのカバンには、ゾウのキーホルダーがぶら下がっていた。イスにデンと座ったゾウは七福神の布袋《ほてい》さんみたいな太鼓腹のうえ、手が4本もついていて、なんともグロテスクな形をしている。

じーっとそのゾウを見ていると、おっちゃんと目が合ってしまった。私はおっちゃんのキーホルダーを指し、「これは何です？」と聞いてみた。

「これはガネーシャといって、商売繁盛の神様さ。ガネーシャは、シヴァ神の息子なんだ。あそこに貼ってある絵がシヴァ神だよ」

そう言って、おっちゃんは運転席の近くに貼ってある、ど派手なポスターを指差した。ハァー、またゴージャスな顔立ちの神様だこと。宝塚もびっくりのパチクリおめめに、真っ赤な唇。ウェーブのかかったロン毛には、なぜだかコブラまで巻きついている。神様といえば、キリストにしろブッダにしろ、ストイックな雰囲気と相場が決まっているのに、ヒンドゥーの神様は派手というよりはケバいに近い。

ドライバー席のまわりには、極彩色の神様のポスターがベタベタと貼ってあるだけでなく、オレンジ色の花輪がお誕生日会のパーティーのように飾られていて、おまけに神棚まで祀《まつ》られていた。しかも、神棚は単なる装飾ではなかったのだ。車掌の兄ちゃんが神棚に向かって手を合わせ、ブツブツと何やら唱えながら線香をあげだしたので、私はど肝を抜かれてしまった。この乗り物はバスというより、移動型寺院と呼んだ方が正しい感じがした。

隣のおっちゃんは、私がヒンドゥー教に関心を持っているとでも思ったらしく、神様の話を熱っぽく語りだした。

「あるとき、シヴァは怒って息子の首をはねてしまったんだ。シヴァの妻は、息子の死をそれはそれは嘆き悲しんでねぇ。それでシヴァは、息子にゾウの頭をつけて生き返らせたんだよ。それがこの、ガネーシャなんだ」

おっちゃんは、あたかもその神話をリアルタイムで見ていたかのような話しっぷりだ。

フーン、この神様、顔はゾウでも首から下は人間なんだ。でも、なんでまたゾウ？　なんだか笑っていいのか、感心した方がいいのか、どうにもリアクションに困る話だ。

頭の中を少し整理しようと思い、私はおっちゃんに聞いてみた。

「その、シヴァ神の奥さんっていうのは？」

「シヴァの妻はパールバァティーだ。彼女は、シヴァ神の前の奥さんの生まれ変わりでもあるんだよ」

生まれ変わりぃ？　だんだん頭の中がこんがらがってきた。神話というものは、どうしてこうも複雑で奇想天外なんだろう。日本の神話にもイザナギノミコトとかいろいろ出てくるけど、私はその内容をほとんど知らないし、特に興味もない。私からしてみれば、神話はおとぎ話でしかないからだ。

だが、この人たちはマジだ。本気の本気だ。仮に、ここにあふれる神様グッズが全部タイガース・グッズだとしたら、乗客はさしずめ甲子園に向かう熱狂的な阪神ファン御一行様だろう。インド人の神様への思いには、そういったヒーローやアイドルへの思い入れに近いものを感じてしまう。もちろん生半可《なまはんか》なファンじゃない。全員が全員、親衛隊レベルだ。

2時間ほどバスに揺られていると、車掌の兄ちゃんが声をかけてくれた。

「おい、スモールアイズ。ここだよ、ここ！」

バスを降りると、そこはバス停の目印もない田舎の小さな村だった。若い兄ちゃんが歩いてきたので、駆け寄って道を尋ねてみる。

「すみません、ここに行きたいんですが」

兄ちゃんはガムみたいなものをクチャクチャと噛《か》みながら、私のメモをのぞき込んだ。と、そのとき、いきなり兄ちゃんが、口から何かを「ブゥェーッ！」と吐き出したのだ。こわごわ地面を見ると、真っ赤に染まったタンが大量にぶちまけられているではないか！

ギョエーッ‼　この兄ちゃん、まさかビョーキィ⁉

もうわけが分からずビビりまくっていると、道行く人が私のまわりにドヤドヤと集まりだした。しかもみな、やはり得体の知れないものを噛んでいて、赤いタンをペェーペェー吐きながら近づいてくるのだ。ここはゾンビ村か⁉　なんなんだ、この人たちは‼

ゾンビ男たちはみな、大きな目をカッと見開き、好奇心あらわに私を凝視していた。彼らは初めて日本人を見たんだろうか。まるで珍獣でも見ているかのような眼差《まなざ》しなのだ。

兄ちゃんはクチャクチャペェーッと赤いタンを吐きながら、顔見知りの男たちに私のメモを見せて話し込んでいる。私は赤いタンのもとがいったい何なのか、もう気になって気になって仕方がなかった。

「ねぇねぇ、兄ちゃんの噛んでいるのはなんなの？」

たまりかねた私が聞くと、彼は真っ赤に染まった口の中を見せて言った。

「パーンだよ、パーン。こっちに来てみな」

兄ちゃんは、私を小さな露店に連れていってくれた。店の台に透明なビンがいくつか置いてあり、それぞれのビンの中には緑色の葉っぱや香辛料のようなものが入っている。他にタバコと葉巻しか売られていないところをみると、どうやらパーンというのは噛みタバコの一種であるらしい。兄ちゃんがビンを指差して何やら言うと、露店のおっちゃんは葉っぱに小さな粒や白い液体をのせ、それを折り紙のように包みだした。

兄ちゃんが代金を払い、そのパーンを私に渡して言った。

「いいから、口に入れてみな」

彼の粋《いき》な計らいを無駄にもできんと思い、私は勇気を出してその葉っぱ巻きを口の中に放り込んでみた。噛んでみると、パーンは甘くてスパイシーな味がした。これがタバコ？　もしかしてハッカ系のお菓子なのかもな、と思いきや、グッ、グェーッ、口の中にいきなり苦みが走った。マズい！　マズいにもほどがあるマズさだ。あまりの苦さで舌がジンジンしびれてくる。

「ウッゲーッ！　これ、マジで苦いよー‼」

兄ちゃんに歪《ゆが》みまくった渋面で訴えると、神妙な顔で私を見ていたまわりの男たちが、「ヒュー、ヒュー」と声をあげて盛り上がりだした。私のリアクションが彼らのツボにハマったらしく、もうどんな顔をしても大受けなのだ。男たちは私の一挙一動にいちいち反応し、「いいぞー！」「もっと噛めー！」とまるで子どものようにはしゃいでいる。

私だって男たちにジーッと黙って見られているよりは、笑ってもらった方が嬉しい。しかし、もーう限界だ。たいていのものは大丈夫な私も、これだけはダメだ。苦い、苦すぎる！

私がパーンを吐き出そうとすると、男たちからいっせいに「ノォーッ‼」の大ブーイングが起きた。みなが口々に「もっと噛んでればウマくなる！」などと言ってはやしたてる。お調子者の私はその言葉に乗せられて、吐き出すのをもう少しだけ我慢してみることにした。

だが、どれだけ噛んでもマズさが増す一方で、ちっともうまくならない。口いっぱいに渋い汁が満ちてきて、しまいには口元からタラタラとこぼれだした。そのうち取り巻きの男のひとりが鏡を持ってきたので、のぞいて見るともうア然。そこには、口じゅうから赤い汁があふれ出し〝口裂け女〟みたいに成り果てた私が映っていたのだ。

「オーマイグァーッ‼」

絶叫マシーンに乗っているときのようになった私の顔を見て、まわりはまたしても大爆笑だった。しかし、なんという人だかりだろう。いつの間にやら観衆は、30人以上に膨れ上がっているではないか。赤ちゃんを抱いたお母さんから、若い娘さん、ハナたれ小僧に、おじいちゃん、おばあちゃんまで、よくまぁこれだけ集まったもんだと思う。

普段、私が変わった外国人や有名人を見ても、こんなふうに近づいたりはしない。逆にあんまりジロジロ見ては相手に失礼だと思って、自分の感情を押し殺そうとするくらいだ。なのに、インド人の好奇心ときたらどうだ。仕事の途中であろうとなんであろうと、彼らが何かに興味を示したときの思考回路は「うわー、おもしろそー。見たいな、見ちゃぇー」てなことになるらしく、遠慮するとか人の目を気にするという概念が一切ないのだ。

確かに、その無邪気さがあまりにぶしつけで、腹が立つこともある。でも、好奇心いっぱいに生きている彼らの目はキラキラしていて、実にいい顔をしているのだった。

パーンの兄ちゃんが教えてくれた道を、私はひたすら歩き続けた。ここらで誰かに尋ねてみるとするか。

「すいません。この辺に、ナワスガリィさんのお宅はないですか？」

若い兄ちゃんが立ち止まって、私のメモをのぞき込んだ。

「ちょっと見せて。あれ、きみは反対方向に歩いてるよ」

ガガガガーン。マジで⁉　ようやくここまで来たっていうのに、今、来た道を戻るの⁉

もぉー、パーンの兄ちゃんのバカヤロー‼　一瞬、ブチ切れそうになるが、彼も悪気があったのではないだろうと思い直す。親切な人だからこそ、知らないとは言えなかったのに違いあるまい。インドカレーも口に合ってきて、このところ私はちょうど太り気味だったのだ。神さんがウォーキング・エクササイズさせてくれたのだと思えば、なんのこれしき。

「まっすぐ行くと病院があるから、そこを右に曲がるんだ。もうホント、すぐそこだよ」

よっしゃ、歩けん距離でもない。もうひと踏ん張りだと、自分をなんとか励ましてみる。


炎天下の道を、私はひたすら歩き続けた。背中にボタボタと大粒の汗が流れ落ちる。持ち歩いていたペットボトルの水は、すでにお湯と化していた。

それにしても、かれこれ3時間以上は歩いているというのに、歩いても歩いても病院なんて見当たらなかった。人に道を尋ねてみても、みんな口を揃えてこう言うのだ。

「病院？　それならもう、すぐそこだよ」

この道のりの、どこが『すぐそこ』なんじゃぃ‼

だが、みんなが嘘をついていたのではないことにようやく気がついた。なんせ、人が私をスイスイと追い抜いていくのだ。しかも、歩いている人たちの荷物の重そうなこと。サリーを着た小柄な女性は頭の上に大きな壺をのせているし、小さな子どもだって彼らの体の倍はある薪《まき》の束を背負っている。日頃からよく歩いて、足腰が鍛えられている人たちにしてみれば、これくらいどうってことない距離なんだろう。生き急ぐのがクセになってしまっている私とでは、時間の感覚だって違う。

あぁ、しかし私はなんてヤワなんだ。体力だけは自信があったのに、これでは都会のモヤシっ子ではないか。くっそー！　自分に対して無性に腹が立ってきた。こうなったら、何がなんでも歩いてみせるぞ。乗り物になんて絶対乗らないぞ。なんとしても自力で、オヤジさんの家までたどり着いてみせるからな‼

30分ほど歩くと、ようやく前方に病院らしき建物が見えてきた。オヤジさんの家は、きっとこの辺りに違いない。私は村人に駆け寄って尋ねてみた。

「すいません、ナワスガリィさんのお宅はどこですか？」

「あぁ、この先を右に曲がって、左に行けばすぐですよ」

道が入り組んでいて迷路みたいだ。道がすぐ分からなくなる。あの人に聞いてみよう。

「ここを左に行って、右に折れたその向こう側だ」

あれ、さっきの人が言っていた方向と、ちょっと違う気がする。

また別の人に道を聞いてみた。

「あの、ナワスガリィさんの家を知ってますか⁉」

「あそこの角を曲がった辺りじゃないかなぁ」

ナワスガリィのオヤジさんよ、いったいアンタどこに住んでんだよ！　疲れもピークに達したそのとき、通りの向こう側の家から、懐かしきマッシュルームカットのオヤジさんが大きく手を振っているのが見えた。オッ、オヤジさーん‼

オヤジさんが、両手を広げてウエルカムしてくれる。

「おーう、よう来た、よう来た。しかし、遅かったなぁー！」

オヤジさんは『すぐそこ』って言ってたじゃないスか！　ここまで来るのに、列車に乗って、バスに揺られて、歩きに歩いて1日半。これのどこがすぐそこなんだよー！　と言いたいところなのを私はグッとこらえた。彼らの時間感覚からしてみれば、1日半なんてあっという間のことなのだ。

「まぁ、いらっしゃーい」

お母さんと息子のラヴィーが出迎えてくれる。

家の中は、どこもかしこも神様グッズのオンパレードだった。神様の絵が入った額縁に、神様の置物、神様のアクセサリー、神様のポスター……。ここに来るまでにも、道中、道端に神様の大きな像が立っていたり、露店で神様グッズが並べられたりしていたけど、まさか家の中まで神様だらけだったとは……。

8畳ほどの広さの居間に通され、私は家族にぐるりと囲まれた。家にはオヤジさんの両親もいて、家族は全部で5人のようだった。

しばらくして、お母さんが夕食を持ってきてくれた。オヤジさんが、声を大にして言う。

「さあ、遠慮しないで、ドンドン食べたまえ！」

うわー、これは食べがいがありそうだ。大きなお盆サイズほどある銀色の皿の上には、チャパティが3枚に、山盛りのライス、小さな丸い器いっぱいの野菜カレーが、盛りつけられていた。しかも、豆のスープまである。お母さんはスプーンとフォークを持ってきてくれたが、私は手で頂くことにした。

まず、指先で食べ物の柔らかさや感触を楽しむ。手で直接、食べ物を触ると、その温もりがじんわり伝わってきて、これがなんとも食欲をそそるのだ。カレーとゴハンを指で軽く混ぜ、口の中に放り込んでみる。おお、これはうまい。

「ホント、おいしいです！」

私がそう言うと、家族は揃ってニコーッと笑顔になった。そして、そのままジーッと私の食べる様子を見守っている。あれ？　なんで私はひとりで食べてるんだ？

「あの、みなさんはもう、夕食は済んだんですか？」

オヤジさんがオペラボイスで答える。

「我々はー、後で食べるから心配せんでいい！　キミはたくさん食べなさい!!」

そうは言われても、こうもジーッと見られてたんじゃ、食べにくくてしょうがない。これは単に彼らの好奇心なんだろうか？　それとも、客人に対するインドの作法なのか？　なんにしても私はもう腹ぺこだったので、視線を気にしないで食べることに集中することにした。

オヤジさんが、しきりにお代わりを勧めてくる。

「お代わりはどうだ！　私はいつも、チャパティなら5枚はいけるぞ」

皿にはカレーが何度も継ぎ足され、食べても食べてもチャパティがバサバサと盛られていく。食べれば食べるほど喜ばれるものだから、私は猛烈な勢いで食べまくった。しまいに私のお腹はパンパンに膨れ上がり、ジーンズのファスナーを半開きにしてTシャツで隠しておかなければならないほどだった。


夜になって、私はお母さんとラヴィーと同じ部屋で眠ることになった。簡素な木製のダブルベッドの真ん中にお母さん、両隣に私とラヴィーが横になる。電気を消してしばらくは、ラヴィーは私をのぞき込んでは「エヘヘ」なんていう照れ笑いをしていたが、そのうち可愛い寝息をたて始めた。

原色ブルーの天井を見上げながら、私はここにたどり着くまでの道のりに思いを巡らせていた。こうやって家にお邪魔してみると、家族がどんな環境で、どんな物に囲まれて、どんな暮らしを送っているのかがよく分かって、一層親しみが持てる。考えてみれば夜行列車で出会ったときには、お互いたまたま居合わせた乗客同士でしかなかったのだ。あのときは、こんなふうにお母さんとラヴィーと同じベッドで眠ることになろうとは考えもしなかった。

私は相当疲れていたというのに、なんだか興奮してしまって、なかなか寝つくことができなかった。しばらくぼんやりしていると、お母さんは眠れないでいる私の肩を抱いて自分の方へと優しく引き寄せてくれた。私が遠慮して端っこで寝ていたことを、彼女は知っていたのだ。お母さんは、さもいとおしげに私の頭をなでて「グッナイ」と言うと、静かに目を閉じた。

自分の子どもと分け隔てなく、一緒に川の字で眠ってくれる寛容なインドマザー。なんて優しいお母さんなんだろう。お母さんの寝ている方向に横になって、彼女の安らかな寝顔を見つめていると、高揚していた気持ちが不思議なくらい和らいできて、私はようやく眠りにつくことができた。

インドの輪廻と私の輪廻

朝、目を覚ますと、ベッドにお母さんの姿がなかった。ラヴィーはまだ隣でスヤスヤと眠っている。お母さんは朝食の支度でもしているんだろうと思い、私は部屋を抜け出して台所の方へと向かった。

私が思ったとおり、お母さんは台所に立っていた。彼女のすぐそばには、しゃがんで食器を洗っているお手伝いさんらしき女の人もいる。私が声をかけようとした、そのときだった。お母さんがいきなりものすごい剣幕で、その女の人を激しく怒り始めたのだ。お母さんは食器の近くに置いてあった銀色のスプーンを拾い上げ、彼女を責め立てている。その、あまりに厳しい顔つきを見て、私は声をかけることができなくなり、その場に立ちすくんでしまった。

次の瞬間、お母さんは持っていたスプーンを、その女の人に向かって思いきり投げつけたのだ。女の人を直撃したスプーンが、音を立てて床に転がり落ちる。頭をこん棒で殴られた

ようなショックで、一瞬、頭の中が真っ白になった。温和で優しいお母さんがこんなにキレるなんて、いったい何が起こったんだ⁉

女の人はおずおずとスプーンを拾い上げると、黙ってそれを洗いだした。彼女の褪《あ》せた色のサリーからは、棒切れのようにか細い腕がのぞいていた。痩《や》せているせいか、その女の人は若いのか年寄りなのか、よく分からなかった。

どうやらお母さんは、彼女が洗ったスプーンに汚れが残っていたことに腹を立てていたようなのだ。しかし、スプーンが汚れていたからといって、普通、そのスプーンをお手伝いさんに投げつけるようなことまでするだろうか。私はお母さんの違う人格を見てしまったような気がして、ただただ恐ろしかった。

お母さんは私に気がつくと、にこやかに微笑んで声をかけてきた。

「おはよう、てるこ。昨夜はよく眠れて？」

「えっ、ええ、ハイ」

お母さんがあまりにも平然としていたので、私はかえって動揺してしまった。彼女の態度には、後ろめたさのかけらもなかったからだ。お母さんはすっかりいつものお母さんに戻っていて、何事もなかったように朝食の準備を始めている。

頭が混乱してきて、私はしばらく放心状態に陥った。もしかして、夢でも見ていたんだろうかとさえ思う。でも、そんなはずはない、私はこの目で確かに、お母さんの鬼のように恐ろしい形相を見たのだ。あのお母さんと、今優しく微笑んでくれたお母さんが、同じ人だとはとても信じられなかった。

カーストによる身分差別だ。そうとしか考えられない。きっとあの女の人は、カーストにも入っていないとされている不可触民《ふかしょくみん》だったのだ。前に私は「汚れ物を洗う」という仕事が不可触民の人たちに任されていると聞いたことがあった。この家が、特に上流階級というわけではない。彼らは私と同じ二等車に乗っていたくらいだから、ごく普通の中流家庭だろうと思う。お母さんの振る舞いは、単に「身分の低い者」に対する習慣なのに違いなかった。

私は、ごく普通の家庭の中にまで根深く浸透しているカースト制の凄《すさ》まじい現実を、まざまざと見せつけられたような気がした。たぶん私は、街で毎日のように見かける乞食に関しては、ある程度、見慣れて麻痺《まひ》してしまっていたんだろう。でも、こんなふうに平和な光景の中では、カーストによる差別のギャップがあまりにも激しすぎた。

私はほとほと、自分の無力さが嫌になってしまった。インドには、目をつぶってしまいたくなるような現実があまりにも多すぎる。でもそれを知ったところで、私にはどうすることもできないのだ。現実を知れば知るほど、虚しさが募るばかりだ。街で物乞いされれば、私は今までと同じように彼らから逃げようとするだろう。どれだけ胸を痛めたところで、私なんてただの偽善者ではないか。全財産をはたいたところで、彼らを救うことなど私にはできないのだ。

この世には、やっぱり神様なんていないんだろうか。いや待てよ、この国には神様がたくさんいるではないか！　この家の中も、街の中も、インド中に神様があふれ返っているというのに、なんでこんなことになるんだ？　神様はいったい何を見てるんだ？　神様っていったいなんなんだ!?　やるせない思いが込み上げてきて、私の胸ははちきれそうになってしまった。

朝食後、ラヴィーは学校へ、オヤジさんも仕事に出かけるというので、玄関先まで彼らを見送った。

「せっかく来たんだから、てるこは何日でもゆっくりしていきなさい」

オヤジさんがかけてくれた言葉が、私に重くのしかかる。はっきり言って私は、今すぐにでもこの家を出ていきたかったのだ。いや、この家というより、もうインドそのものから逃げ出したかった。

彼らを送り出すと、お母さんと2人きりで家にじっとしていることにどうしても耐えられなくなり、「ちょっと村を散策してくるから」と言って外へ飛び出してしまった。

ただひたすら、私は村の中をあてもなく歩いた。太陽がギラギラと容赦なく照りつけ、どこまで行っても、うだるような暑さから逃れることができない。歩いて歩いて歩き疲れると、私は木陰に腰を下ろして、道行く人の姿をぼんやりと眺めた。

向こうの方から、あふれんばかりに人を乗せた乗合バスがやって来る。屋根に乗っている兄ちゃんたちは、バスに揺られながら陽気に歌を唄っていた。彼らは私を見ると口笛を鳴らし、大きく手を振って声をかけてきた。

「ハーイ！」

「ハローゥ！」

「コンニーチハ！」

私も手をあげ、彼らに応えた。

「ハァーイ！　コンニチハー！」

外国人を見かけただけで声をかけてくる、人なつっこいインド人たち。大きな声を出したおかげで、私は少し元気が出てきたような気がした。皮肉なことに、しょげてしまうときの原因はいつも人だし、そこから引き上げてくれるキッカケもいつも人なのだった。

なぜこの国では、人が生きている姿に、今自分が生きていることに、こんなにも心を揺さぶられるんだろう。インドのせいでブルーになっていたというのに、そのインドにパワーをもらっていることに気づく。インドに来てからというもの、私は一日の中で何度も、落ち込んだり元気になったりを繰り返しているように思う。一日という小さなサイクルの中で、自分の中にある喜怒哀楽という輪廻《りんね》に取り込まれ、そこをグルグルと巡らされている気がするのだ。

昼過ぎになって家に戻ってくると、お母さんは台所で食事の準備を始めていた。お母さんは私を見ると、その手を休めて言った。

「どこまで行ったんだろうと思って、心配していたのよ」

「ウン、ちょっと遠出しちゃって」

お母さんは相変わらず優しかった。朝の一件を抜きにすれば、彼女はどこの国にもいる普通のお母さんと少しも変わりない。私とお母さんの違いは、生まれ育った環境による習慣の差でしかないとつくづく思う。

台所には、床から30センチぐらいの高さにかまどが備えつけてあり、お母さんは風呂場に置いてあるような小さなイスに座って料理にとりかかった。調理器具やスパイスも、イスに座ったまま取れる台にセッティングされている。

「インドの台所は、みんなこうなってるの？」

「伝統的なインドの風習よ。座って料理した方が楽でしょ」

お母さんは、インドのスパイスについてレクチャーしてくれた。

「黄色い粉はターメリック。料理の色がきれいになるし、胃にもいいのよ」

「この細長いのはクミン。消化がとってもいいわ」

お母さんは家族みんなの体調を考えつつ、数十種類ものスパイスをブレンドしてカレーを作るのだという。インドにおけるカレーは、日本の煮物のような料理だということが分かってきた。カレーは、スパイスの混ぜ合わせ方ひとつで味がガラリと変わるし、中に入れる具を野菜にするか肉にするかで、まったく違う料理になるのだ。


午後になってラヴィーが学校から帰ってきた。彼が村を案内してくれると言うので、私たちは一緒に外に出かけることにした。

大きな原っぱまで行くと、男の子たちが野球に似たスポーツをやっているのが見えた。

「みんなボクの友だちだよ。よくああやって、クリケットをやるんだ」

クリケットが野球と大きく違う点は、バットが卓球のラケットを細長くしたような形だということだった。ラヴィーが彼らに声をかけ、私たちも仲間に入れてもらうことになった。

私はバッターボックスに立つと、バットをブルンブルンと振り回して、ピッチャーをこれでもかと挑発した。バットの面積がデカいから、振りさえすれば当たるだろうと考えていたのだが、これが大間違い。何度投げてもらっても、球が異様に速くて空振りばかりしてしまう。ようやくバットに球が当たったと思ったら、あえなくピッチャーゴロ。みんなにゲラゲラ笑われて、私はだんだん本気丸出しになってきた。

「ちょっと、もう1回！　もう1回投げて！」

インドではクリケットは大人気のスポーツらしく、みんな上手いものだ。子どもたちと遊んでいるというより、私の方が子どもたちに遊んでもらっている感じがした。彼らと一緒に走ったり笑ったりして気持ちのいい汗を流しているうちに、朝の落ち込みが嘘のように晴れていく。

時間を忘れてゲームに熱中していると、だんだん日が暮れてきた。子どもたちと手を振り合って別れ、私たちも家に帰ることにした。

帰り道、歩きながらラヴィーは突然、何かを思いついたらしく、少し奥まった路地に入って私を呼び寄せた。

「ねぇねぇ、てるこ。いいことを教えてあげる。こっちに来て」

「ん？　なに、なに？」

私がラヴィーのところまで行くと、彼はある小屋を指差し、ちょっと秘密めいた雰囲気で言う。

◆クリケットを教えてくれた少年たち

「ほら、あのお家。あそこにはね、とっても貧しい人たちが住んでいるんだよ」

その掘っ建て小屋を見て、私は愕然《がくぜん》としてしまった。そこは明らかに、不可触民と言われている人たちが住んでいると思われる家だったからだ。井戸端のまわりには、痩せこけた体つきの女たちがしゃがみ込んでいて、黙々と洗濯している後ろ姿が見えた。

私はなんとも言えない無力感に襲われ、やるせない気持ちで胸がいっぱいになってしまった。いったい彼女たちに何の罪があるというんだろう。同じ人間なのに、どうしてこんなに小さな子どもにまで差別されなきゃならないんだ⁉　にこにこ顔で「面白いことを教えてあげた」という感じのラヴィーには、もちろん悪気はないし、差別しているという特別な意識もない。でもそのことが、よけいに根の深さを感じさせた。カースト制は、制度としては数十年前に撤廃されたというのに、現実はこのありさまなのだ。人の心はそうたやすく変えられるものではない。きっとラヴィーが大人になったときにも、特に疑うことなく、自分の子どもにカースト思想を植えつけてしまうに違いなかった。


家に帰ってしばらくすると、オヤジさんが仕事から戻ってきた。お母さんがチャイを入れてくれて、一家揃っての団らんになる。ラヴィーは嬉しそうに、クリケットで遊んだことをオヤジさんに話していた。ラヴィーは何度も「ねぇ、てるこ」と無邪気に話しかけてきたが、私はすでに心ここにあらず状態になってしまっていた。私はもうこれ以上、この家には居られない気持ちだったのだ。

この家族がみな、いい人たちだということは分かっている。どこの馬の骨とも知れない外国人の私に、彼らは何の偏見もなく、オープンな心で接してくれているのだ。でも、今の私にはその優しさがきつかった。彼らに優しくされればされるほど、私は彼らの不可触民の人たちに対する振る舞いを見るのが辛くなってくるのだ。彼らが異文化に対して理解のある寛容な人たちだったからこそ、よけいにやり切れない気持ちになってしまったのかもしれない。

オヤジさんの家族と私に違いがあるとすれば、唯一、私がヒンドゥー教徒ではないことだろう。そのヒンドゥー教とカースト制は、切っても切れない関係にある。もし私がインドに生まれて、自分の両親からおじいちゃん、おばあちゃん、近所の友だち、学校のクラスメート、村中の人にいたるまで、みんながみんなヒンドゥー教徒だったとしたら、私だってごくごく自然にヒンドゥー教徒になるに違いなかった。そうして私は何の疑いもなく、このシステムに飲み込まれていただろう。究極を言えば、彼らと私の違いは〝私がインドに生まれなかったこと〟でしかないのだ。そんなふうに頭で彼らを理解することはできても、やはり納得することはできなかった。

私はオヤジさんに勇気を出して言った。

「今日のうちに、バラナシに向かおうと思うんですが」

この村から一番近い街が、ヒンドゥー教で最大の聖地だというバラナシだったのだ。

だが、私の申し出にオヤジさんは声を荒らげて猛反対した。

「今日はもう暗いから、うちに泊まりなさい！　でも、なんだってキミはそんなに急いでいるんだ？　てるこが好きなだけ、何日いても構わないんだぞ」

オヤジさんの声はいちいち大きくて威圧的なんだけど、彼の優しい人柄は十分伝わってくる。私はオヤジさんの言葉に従い、とりあえず出発は明日にすることにした。


翌朝、荷造りをしていると、お母さんがバスの中で食べなさいと言って、出来立てのチャパティを山ほど包んで持ってきてくれた。

家族みんなが玄関先まで出てきて、私を見送ってくれる。別れ際、ラヴィーは庭に咲いていたバラを1本、照れ臭そうに渡してくれた。

オヤジさんが大きく手を振りながら言う。

「また、来なさい！　いつでも、来なさい！」

「さようならぁー！」

後ろ髪を引かれるような思いで振り返ると、家族はずっと私の姿を見守っていた。いつの日かまた、彼らと会える日が来るだろうか。旅先で人と別れるとき、私はいつもそのことばかりを思う。

荒野の危機一髪!!

昼過ぎに、バラナシ行きの長距離バスに乗り込んだ。

車内を見回してみると、バスの乗客は全員、男だった。インドでは、女は結婚すると家庭を守るのが仕事になり、家族や夫同伴で外出することはあっても、女がひとりで遠出するということがほとんどない。きっとそのせいで、こういう移動のときにはやたらと男の比率が高くなるんだろう。

車内は例によってすし詰めで、しばらくすると蒸し風呂状態になった。おまけに地面が整備されていないから、バスはドッタンバッタンと揺れっ放しなのだ。大きなデコボコがあったりするとケツが宙に浮き、乗客全員がいっせいにジャンプするはめになる。目の前にある手すりをギュッとつかみ、ただひたすら振動に耐えるしかなかった。夜にはバラナシに着くというから、あと7、8時間の辛抱か。ハァーッ、もう考えただけで気が遠くなりそうだ。

車窓から、荒涼とした大地を歩く女たちの姿が見える。色鮮やかなピンクやブルーのサリーが風になびいていて、彼女たちはまるで天女みたいだった。よく見ると、彼女たちの年齢にはかなりの幅があり、まだ若い娘さんもいれば中年のおばちゃんもいた。インドの女の服装には、年齢差がないところがいい。どんなおばあちゃんでも堂々と色鮮やかなサリーを着こなしていて、一生現役という感じがするのだ。男たちの身なりが地味な分、サリーを着た女の人を見ると、心が和むというかホッとした気持ちになる。車窓から見える風景は代わり映えしないものばかりで、私の車中での楽しみはサリーの女たちの姿を眺めることぐらいになった。

どれくらい走っただろうか。夕方、なんの前触れもなく、突然バスが止まった。そしてそのままバスはいっこうに動く気配がない。様子がおかしいと思って身を乗り出した私は、目の前に広がる光景を見てア然としてしまった。行く手はるか向こうの方から、車の長い行列が延々と続いていたからだ。あまりに大規模な渋滞で、バスからだとその先頭がどこなのかも見えなかった。

まわりを見渡してみても、四方八方に赤茶けた大地が広がっているだけで、建物のようなものは何ひとつない辺鄙《へんぴ》な場所なのだ。こんなところで、いったい何が起きたというんだ!?運転席を見るとドライバーの姿がない。ドライバーどころか、車掌の兄ちゃんまで姿を消しているではないか。

人間、わけが分からない状況ほど不安なものはない。この待ち時間の、意味を教えてくれっ、意味を。乗客たちに尋ねてみるが、みな口を揃えて「さぁ～」と言うばかりなのだ。この状況も状況なら、乗客も乗客だ。こうなったら、何が何でも原因を突き止めてやる。

とにかく先頭まで行ってみれば何が起こったのか分かるはずだと思った私は、バスを降りて勢いよく歩きだした。ところが、行けども行けども先頭は見えてこない。大型トラックに軽トラック、バス、乗用車、乗合タクシー、ありとあらゆる車が列をなしていて、まるでハイウェーは「乗り物展示場」と化している。特にトラックの種類は数多く、『トラック野郎』顔負けのギンギン・ペイント系から神様グッズ・ジャラジャラ系まで、ひとつとして同じトラックがなかった。

だが、個性を爆発させているトラックにも、共通点があることに気がついた。どういうわけか、『N/P』というマークがついているトラックの数が妙に多いのだ。はて、エヌ・ピーとはいったい何を意味してるんだろう。ふと、私の脳裏に嫌な想像がよぎった。ひょっとしたらひょっとして、これは〝ナショナル・パーティー〟かなんかの略で、国民ナントカ党とかいう政治団体のことなんじゃないか？　だとしたらこの先で、クーデターが勃発《ぼっぱつ》したってこと!?　ヒィーッ!!

私は急に怖《お》じ気づいてしまい、あわてていま来た道を引き返した。無我夢中でようやく自分のバスまで戻ってくると、後方にはすでに最後尾が見えないくらい車の長い行列ができている。おまけにバスの中はもぬけのカラ状態。みんなどこに行ってしまったんだろうと思ったら、なんてことはない、乗客たちはみな外に出てのんびりくつろいでいたのだ。

まわりを見渡してみても、車に乗ったままの人なんていなかった。みんな、思い思いの時間を過ごしている。ごろんと横になってくつろいでいる者、本格的に寝入っている者。しゃがんでおしゃべりする者。持参のお菓子を食べている者。その姿勢には、もはや待っていることすら感じられなかった。確かに原因がなんであれ、この状況に意味なんか求めても仕方がないのだ。私の乗ったバスが止まり、他の車もすべて止まってしまった。事実はそれに尽きる。こうなった以上、もう待つしかないようだった。

辺りに散らばっているおっちゃんたちの中には、野草を摘んで食べている人もいた。時間を持て余していた私は、彼らに近づいて尋ねてみた。

「あのー、いったい何を食べてるんです？」

「豆だよ、豆。こういうときにゃ、これに限るよ」

おっちゃんたちは慣れた調子で、小さな豆を口に入れてはペーッと吐き出している。彼らは豆自体は食べずに、豆の水分をチューチュー吸っていたのだ。さすが生活の知恵だなぁと感心するが、てことはなんだ、こういう「待ち」が日常茶飯事になってるってこと？　やれやれ。これは相当の長丁場になりそうだ。

「あんたもやってみな」

ひとりのおっちゃんがそう言って、豆の束をどっさり分けてくれた。私もおっちゃんらを真似て、その青々とした豆を口に含んでみる。豆は思ったよりも柔らかく、嚙《か》むと青臭い汁がじわっとしみ出てきた。とりたてうまくもないけど、そんなにクセがないから、食べやすいといえば食べやすい。ひとつ嚙み、またひとつと、口に放り込んでは吐き出していると、確かに喉《のど》の渇きが収まってくる。

バスの前にしゃがみ込んで豆をチューチューやっていると、背の高いすらっとした青年が私に話しかけてきた。

「あなたは学生ですか？」

「ええ」と私が答えると、彼はニッコリと微笑んで言った。

「ボクも、バラナシ大学に通う学生なんですよ」

私は兄ちゃんに聞いてみた。

「いったい、何が起こったんですかね？」

「ボクにもさっぱり。まぁインドじゃ、よくあることだからね」

私はさっきから気になっていたことを彼に尋ねてみた。

「トラックにN／Pって書いてあったんだけど、どういう意味だか分かる？」

「N／P？　さぁー、なんだろう。『ナショナル・パーミッド』かなんかの略で、国が許可を出した車ってことかなぁ」

インテリ青年がそう言ってくれて、私はようやく安心することができた。イライラしていたものだから、ついつい物事を悪い方、悪い方に考えてしまったようだ。

私は彼にも豆を勧めてみたが、とんでもないという顔をされてしまった。

「なんで？　そんなにマズくもないよ」

「いやぁ、そのぉ………」

口ごもった彼は、急に黙ってうつむいてしまった。

辺りを見渡すと、あちらこちらに男たちが座っているのが見える。よく目を凝らしてみると、しゃがんだ男たちの前には、黄色い水が弧を描いて流れているではないか。ハッ、ってことはナニ!?　この豆が野露に濡れ、さも取れたてって感じだったのは、まさかおっちゃんたちの……!?

ウォーエーッ!!　と思っても今さら手遅れだった。さすがに私もそれ以上は豆の汁を吸う気にはなれず、思わず豆の束を道端に放り投げてしまった。ま、まぁ、飲んだからといって死ぬわけじゃなし、わざわざ健康のために飲む人だって……、などと自分を必死に励ましてみるが、胃のむかつきはおさまりそうになかった。

兄ちゃんはといえば、日本人の私に興味を持ったようで、「学校での専攻はなに？」だとか、「日本の義務教育は何年？」などと、次から次へと質問してくる。

だが兄ちゃんと話しているうちに、私は自分も尿意を催していることに気がついてしまった。考えてみれば、朝1回行ったきりなのだ。でも、いったいどこですればいいというんだ？　見渡す限りの荒野は、そのすべてがトイレだとも言える。が、こうも視界が開けているとなるとまずい。なんといっても、私がはいているのはジーンズなのだ。女子の場合、パンツを下ろしてケツを丸出しにしないことには事を為《な》せないときている。次第に私の体には冷や汗がにじみ出し、悠長に会話をしているどころの騒ぎではなくなってきた。

危険な瞬間が、刻一刻と近づいているのが分かる。呼吸をするだけで尿意が強まっていく、この危ない感じ。もういくらか時間がたつと、動くことさえヤバくなってしまう。一刻の猶予もならないと思った私は、兄ちゃんに「ちょっと失礼」と言って、人のいる場所から遠ざかるべく、乾いた大地へと駆けだした。

なんとか数百メートルほど走り、しゃがみ込んでいざ脱がんと思ったそのとき、兄ちゃんが私に向かって大きく手を振っているのが見えた。なんなんだ、いったい!!　能天気に手なんか振られても、振り返せる状況じゃないことくらい察してよっ。

だがよく見ると、兄ちゃんは身ぶり手ぶりで必死に「そこだとまだ見えるから、もっと遠くに行った方がいいよ！」ということを訴えているようなのだ。確かに辺りにたむろしているのは男ばかり。インテリな彼は私が見せ物にならないようにと思って、サインを送ってくれているのに違いなかった。

しかし、私はもう限界ギリギリの女なのだ。できるだけ膀胱《ぼうこう》を刺激しないよう、そろりそろりと前進する。そのうち私の口からは、「あぁ」「うっ」「おっ」なんてヘンな声まで漏れだしてきて、状況はかなりヤバくなってきた。もはやこれまでと思って私が座り込むと、またしても兄ちゃんがNGサインを出してくるではないか。

「まだダメ、ダメ!!　見えるってば!!」

人が良い兄ちゃんの、ハッスルぶりと言ったらない。〝小さな親切、大きなお世話〟とはまさにこのことだ。私は声を大にして言いたかった。頼むから、兄ちゃんこそ後ろを向いてくれよっ。あたしを楽にさせてぇ～!!

「私はここでいいんだってば!!」

「いやいや、もう少し向こうに行きなって!!」

離れているから互いの表情が読み取れず、ボディランゲージがなかなかうまく伝わらない。

私たちのオーバーなアクションでのやりとりを見て、何かのゲームをやっているとでも思ったんだろうか。そのうちバスのまわりに男たちがジャンジャン集まってきたのだ。

「人がよけい見るから、大きなアクションしないでぇー!!」

私の身振り手振りで、兄ちゃんはようやく見物人の存在に気がついたようだった。さすがにあたふたしだした兄ちゃんは、「あっちを見るな!」と大声で叫び、必死に人をさばこうとしたのだが、それがまた逆効果になってしまった。あれよあれよという間に人が人を呼んで、観衆の数が一気に膨れ上がっていく。パンツを下ろそうにも、好奇心の塊みたいなおっちゃんたちが、私の一挙一動にクギ付けになっているではないか!! もはや視界いっぱいが人だかりになってしまった最悪の状況に私はオーマイガーッ!!

兄ちゃんを恨めしく見ると、彼はしきりに右の方を指していた。焦点のぼやけた目を凝らすと、10メートルほど先に細い木があるのが見える。すでに極限に達した鳥肌ビン立ちボディをひきずり、私は地をはうように前進した。抑えても抑えても、失禁への甘い誘惑が私の膀胱を襲う。

どうにかこうにか木の下までたどり着くと、私はもう兄ちゃんのことも観衆の存在も気にしなかった。私が目をつぶってしまえばそれでいい。見られて減るもんじゃあるまいし、ええい、ままよ!!

ハァーッ!!　カ・イ・カ・ン♡　あぁ、私はいまだかつてこれほど気持ち良く放尿したことがあっただろうか。

事が済むと、私はあまりのすっきり感でしばし放心状態に陥ってしまった。おしっこを我慢しなくていい世界って、なんて素晴らしいんだろう！　忍耐も束縛もない自由を体感したくて、私は思わず大地を駆けだしたい気分になってしまった。

日が暮れると、辺りは真っ暗になった。バスが止まってから、かれこれ6、7時間は経過している。人工の光はバスのヘッドライトしかないから、星がやけにきれいに見えた。

外が寒くなってきて乗客たちがバスに戻り始めたので、私もバスの中で待つことにした。乗客たちはみな、座ったまま眠りについている。いつの間にか私も、座席に座ったままの状態で眠ってしまった。

明け方、周囲のざわつきで目が覚めた。窓を見ると、景色が動いているではないか。バスが走り始めたのだ！　やった、助かった!!　なんで15時間も待たされたのかは謎だが、そんなことはこの際どうでもよかった。とにかくバスが動いたのだ。このまま走ってくれさえすれば、午前中にはバラナシに着ける。

東の空に、オレンジ色の朝焼けが広がっていくのが見えた。暗闇が徐々に薄まり、世界が色づき始めている。まるで闇に奪われていた色が、太陽に取り戻されていってるみたいだ。うす暗い雲からこぼれる金色の光の筋。どこまでも続く大地の赤茶。ポツポツと生えている木々の緑。色のない世界に長くいたせいか、見るものすべてが一段とまぶしく感じられる。

朝の始まりを見るなんて、何年ぶりのことだろう。太陽が毎朝、こんなふうに光を放って世界を色づけていたことを、私はすっかり忘れてしまっていたような気がした。

まったりインド

バラナシでのマダムな日々

朝10時過ぎに、ようやくバスは終点のバラナシに着いた。考えてみると、昨日バスに乗ってから20時間もたっていたのだ。バスを降りると、さすがに体はクタクタだった。とりあえず宿を決めないことには、ゆっくり休むこともできない。私は、旅行者たちから「バラナシに行くなら絶対いい」とオススメされていた宿に行ってみることにした。

歩く気力がなかったので、人力車の自転車版、サイクルリキシャに乗ろうと思い、客待ちのサイクルリキシャマンたちに声をかけてみる。

「ガンジス河沿いにある、この安宿を知ってる?」

「おう、知ってるとも!」

「ヘイ、オレは速いぜっ!」

数人の男が名乗りをあげたので、インドでの金銭感覚が身についてきた私は「8ルピー(約24円)でどう?」と彼らに持ちかけてみた。

すると、いかにも弁が立つ感じの男が大げさに言う。

「ケッ、8ルピーだって⁉ オレたちゃ20ルピーじゃなきゃ行かねえよ」

他の男たちに目をやると、ひとりの痩《や》せたおっちゃんだけが「オーケー」と言ってくれた。よっしゃ、交渉成立だ。

が、いざ私がリキシャに乗ろうとすると、さっきのおしゃべりオヤジがいきり立ち、痩せたおっちゃんに抗議し始めた。どうも「オレの客をとるのか！」と怒っているらしいのだ。痩せたおっちゃんも言い返してはいるが、なんせ迫力がない。そこにいかにも仕切りたがり風の男が仲裁に入ってきて、「まぁ今回はこいつが客をゲットしたんだから」とオヤジをなだめだした。

よしよし、これで一件落着かと思いきや、またしてもニューキャラが登場。そしてその男が、今度はおしゃべりオヤジの肩を持ちだすから話がややこしい。「最初に客と話したのはこいつだったぞ！」などと吐《ぬ》かしているようで、話しながら何度も私の方を見る。

そのうち人がどんどん集まりだし、えらい騒ぎになってきた。やれやれ、乗り物ひとつ乗るのにこのもめようだ。要するに、私は外国人だからツーリストプライスをふんだくるべき相手なのに、おっちゃんが言い値でOKしたものだから、吊るし上げを食らってしまったらしかった。しかしだ、どれに乗るかを決めるのは、金主であるこの私なのだ。

いい加減ブチ切れた私は、男たちにビシーッと言い放った。

「私はこのおっちゃんに決めたの!!　それで全部終わり!!　いいね？」

おしゃべりオヤジはチェッてな顔で「じゃあ行けよ」という身ぶりをした。オヤジがあきらめた途端、野次馬たちもサーッと散らばっていく。

リキシャに乗り込むと、おっちゃんは自分の全体重をかけ、ペダルを力強くこぎだした。ガタガタ道であろうと、上り坂であろうと、リキシャのスピードはいっこうに落ちることがなかった。

ゴトゴトとリキシャに揺られながら、おっちゃんの細い背中を見つめる。この細っこい体のどこに、こんなパワーがあるんだろう。彼のシャツと肩にかけてある手拭いは、お揃いの模様のようにまだらに染まっていた。ピンクに黄色、水色と、打ち上げ花火風のその染みは、ホーリーに参加していた証《あかし》だ。

あれからどれくらいいたつだろう。私は、自分のまだらに染まったTシャツに目をやった。街を見渡してみても、いまだにこんなシャツを着ている人なんて、おっちゃんと私くらいのものだ。普段、人びとを厳しく分けているカーストがなくなり、あのときばかりは無礼講だったことを思い出す。このおとなしそうなおっちゃんも、あの日、大はしゃぎで色水をかけ合っていたんだと思うと、私はなんだか彼に親しみを感じてしまった。

目抜き通りまで来ると、道はもう、車、リキシャ、人、ウシやらで、ごった返していた。乗り物によって道が分かれていないから、秩序というものがまるでない。チリンチリーン。ブーブーブー。リキシャのベルやクラクションが、あちらこちらで鳴り響く。

おっちゃんはリキシャを止めると、「ここからは行けない」という身ぶりをした。確かにこの先の道は細くて、歩くしかなさそうだった。リキシャから降りると、彼は私のTシャツを指差し、「ホーリー、ホーリー」と嬉しそうに笑った。

「ホント、おっちゃんと私のシャツ、ペアルックだねぇ」

私たちは、お互いの派手なシャツを笑い合った。おっちゃんが仲間にのけ者にされても私を乗せてくれたのは、同じシャツのよしみだったのかもしれないな。私が少し多めに10ルピーを支払うと、彼は胸の前で両手を合わせて「サンキュー！　マダーム」と言い、その細い体でまた大通りへと引き返していった。

表通りから脇道に入ると、道はくねくねと折れ曲がって迷路のようになっていた。道の両側には、小さな店がいくつも軒を連ねている。色粉を売る店、チャパティを売る店、スパイスを売る店、お菓子を売る店。そのどれもが、何百年も前からそこにあるような年季の入った佇《たたず》まいだ。

細い路地を歩いていると、奥の方からとてつもなくデカい白ウシがのしのしと歩いてくるのが見えた。このままではぶつかってしまうと思った私は、壁にへばりついて息を殺し、ウシが通り過ぎていくのを待つことにした。さっさと歩けばいいものを、このウシがまたしっぽをブランブラン揺らしながら、実にもったいぶった歩き方をする。「オラオラ、ワレどかんかい！」と言わんばかりに偉そうな感じなのだ。

まったくインドにいるウシの、態度のデカさと言ったらない。渋滞中の大通りで座り込むわ、ところ構わず滝のようなオシッコをジャージャーしだすわ、八百屋の野菜をかっぱらってモシャモシャ食うわ、もう好き勝手にやりたい放題。インドには人と動物の住む場所にこれといった境界線がないから、ウシだけでなく、馬や猿や鳥やヘビなんかもゴロゴロいた。気をつけていないと道の上は動物のフンだらけだし、持っていた果物をかっぱらわれてしまうこともあるのだ。

やっとのことで、目指していた宿にたどり着いた。

鉄製の小さな門をくぐると、建物と建物の間が吹き抜けになっていた。吹き抜けの間には簡素な木の机が置いてあり、宿のおっちゃんらしき人が座っている。どうやらここがもうフロントになっているらしい。

おっちゃんに聞くとドミトリーは満室だというので、1泊50ルピー（約150円）のシン

◆サルの寄り合い

グルを見せてもらうことにした。カルカッタのドミトリーの値段で、バラナシではシングルに泊まれるのだと思うと、なんだかうきうきしてしまう。

彼に案内されて廊下を歩いていると、いきなり目の前にパーッと青一色が広がった。

おおーっ、なんていい眺めなんだろう！　宿のテラスから、ガンジス河が一望できたのだ。まるで、海みたいに大きな河だ。汚い、汚いと聞いていたわりには、水は青く、澄んでいるように見えた。宿から毎日、この大パノラマが見られるなんて、最高の贅沢《ぜいたく》のような気がする。私はひと目でこの宿の雰囲気が気に入ってしまった。

6畳ほどの広さのシングルには、窓から明るい日差しがさんさんと降り注いでいた。大きなベッドがデンと置いてあるだけで、他には装飾もテーブルも何もないけど、日当たりの良い、感じのいい部屋だ。宿には食堂もあるというので、疲れてどこにも行く気になれなかった私は、そこで遅い昼食をとることにした。

ガンジス河に面した小さな食堂で、フライドライスとコーラを注文する。フライドライスはなんとも懐かしい味がする焼き飯で、ていねいに刻まれた野菜がたくさん入っていた。胃が満たされるにつれて、体の奥底にあった眠気が引きずり出されていく。昼食を食べ終わって部屋に戻ると、私はすぐベッドに横になり、そのまま死んだように眠ってしまった。

目を覚ますと外は薄暗く、時計は朝の5時を指していた。よく寝たせいか、疲れもすっかり取れている。せっかく早く起きたんだから日の出でも見ようと思い、部屋を抜け出すと、中庭や宿の屋上で従業員の兄ちゃんたちが寝ているのが見えた。暑いこの季節は、屋外で寝ることにしているんだろうか。いい川風が吹いていて、彼らは本当に気持ちの良さそうな顔で眠っていた。

ガンジス河へは、宿の裏門を出るとすぐだった。こんなに早い時間だというのに、人がもうチラホラと歩いている。私は河のほとりに腰を下ろし、夜が明けるのを待った。

しばらくすると、河の向こうに太陽の頭が現れた。暗闇の中に光の筋が見え始め、その光を反射して水面がゆらゆらと金色に輝きだした。ゆっくりと、太陽の丸い形があらわになっていく。うわー、なんていうまぶしさなんだろう！　神々しい光を放ちながら、世界に新しい朝をもたらしていく太陽の姿は圧巻だった。私はその神秘的な光景に胸を打たれ、すべてを忘れて見とれてしまった。

遠くの方に目をやると、河沿いには階段状になっている沐浴場《ガート》がいくつも連なっていて、たくさんの人びとがお清めの沐浴《もくよく》を始めていた。お年寄りもいれば、子どもを連れたお母さんもいて、みな体をガンジス河に浸し、太陽に向かって熱心に拝んでいる。河に面してそびえ立っている寺や遺跡のような古い建物と、人びとの営みが見事に調和していて、この光景は何千年も前から少しも変わっていないように思えた。

どこからか鐘の音が聞こえてくる。祈りを捧げる声。鳥のさえずり。遊覧ボートに乗った人びとの歓声。そのすべてが柔らかいハーモニーを紡ぎだしていて、耳になんとも心地良い。いつも心の中にある、生き急いでいた気持ちが消え去り、自分が解放されていくような気がした。それは、今がいったい「いつ」なのか分からなくなるような、自分がまるで自然の一部にでもなったような、不思議な感覚だった。


バラナシは、歩いているだけで刺激的な街だった。

往来には、さまざまな店が所狭しと並んでいる。チャイ屋、食堂、生地屋、洋服屋、靴屋、金物屋、雑貨屋と、どの店も活気に満ちていて、にぎやかなことこのうえない。

店の兄ちゃんたちが、「ハロォーウ、マダァーム！」と陽気に声をかけてくる。マダムと言われると、まだ未婚だよと思いつつも、悪い気はしないものだ。私はそう声をかけられるたびに「ハーイ」と手を振って笑顔で応えた。

通りを歩いていると、小柄なおっちゃんがカバンを山ほど抱えてつっ立っているのが目についた。彼はまるでカバンの木みたいだった。そのカバンの種類も、ショルダーバッグにウエストポーチ、手提げカバン、ボストンバッグとさまざまだ。

◆誇り高きカバン屋のおっちゃん

　この人は、ツアー客かなんかの荷物持ちなんだろうか。不思議に思った私は、おっちゃんに尋ねてみた。

「あのー、おっちゃんは何者なの？」

　彼はホッホッホと愉快そうに笑い、胸を張って言った。

「ワシか？　ワシゃあ見てのとおり、カバン屋だよ」

　どっひゃーっ‼　なんつーベタな答えだ。カバン山ほど持って〝カバン屋〟って、そのまんまやないか！　このおっちゃんはカバン屋を営業するにあたって、ショバ代も人件費もいらず、自分自身がカバン屋なのだった。商売というとなにかと大変そうだけど、こういう人を見てしまうと、既成の概念が一気にブッ飛んでしまう。

　昼下がりになるとさすがに暑く、喉《のど》がすぐに渇いてくる。

　露店では、数人の客が素焼き茶碗に入った飲み物を飲んでいた。高い台の上にあぐらをかいて座っている露店の兄ちゃんの前には、白い液体の入った大きな壺が置いてあった。これは何かと兄ちゃんに聞くと、「ラッシーだ」と教えてくれた。彼が店の前に座り込んでいる牛を指差し、乳を搾《しぼ》る真似をしてみせる。どうやら乳製品の一種らしい。ラッシーを買って飲んでみると、「飲むヨーグルト」のような味がした。ドロッとしていて濃厚なのだが、甘酸っぱさがほどよい感じで、冷えているから喉越しも最高だ。

露店の前に座り込んでラッシーを飲んでいると、靴磨きの少年が声をかけてきた。

「マダム！　その靴は、ボクにまかせて」

へ？　私が履いているのはサンダルだというのに、いったいどこを磨こうというんだ？

「磨くところなんてないよ」

私がそう言って断ると、少年は嬉しそうに私のサンダルを指して言う。

「見て、ここ、ここ！」

サンダルに目をやると、確かに鼻緒の部分に小さな割れ目がある。少年はサンダルをのぞき込むように近づいてきたかと思うと、一瞬にして、私の足からサンダルをもぎ取った。

「ちょっと、返しなさい！」

私が怒っている間にも、彼はササッと接着剤をつけてしまった。なんて早業だ。少年はニカーッと得意気に笑うと、ヌケヌケと手を差し出してきた。

「はい、一丁あがり。2ルピーだよ」

オイオイ。なんで接着剤1滴が2ルピーもすんだよっ。

「あんたが勝手にやったことでしょ！」

「このサンダル、返してほしくないのー？」

グググッ。イカンイカン、怒るが負けだ。見ると、彼のシャツはいたるところが破れていて、自分はまったくの素足なのだった。食いぶちを稼ごうと知恵を絞り、この新商法を編み出したのに違いあるまい。よっしゃ、このアイデアにザブトン1枚だ。

「じゃあハイ、1ルピーね」

私がお金を渡すと、彼は「サンキュッ、マダム!」と言って、次の客を探しに行ってしまった。ハァー、なんて商魂たくましい少年だこと。油断もスキもあったもんじゃない。

夕方、宿のテラスでくつろいでいると、背の高い日本人の男の子が話しかけてきた。

「あの、日本人っスよねぇ? すみません、なんか薬カンケーって持ってますぅ?」

「いやー、薬は持ってなくて。どこか具合でも悪いんですか?」

「ボクの連れが下痢しちゃって、寝込んでんっスよー」

インドを旅する人はみな一度は通る道だというが、慢性の便秘症の私にはちょっとうらやましい話だ。こっちはもう何日も御無沙汰で、腹はピンピンに張り詰めているのだ。

「まだインドでお腹こわしたことないからなぁ」

私がそうぼやくと、彼はちょっと大げさなくらい驚いた。

「えーっ、マジっスかぁー!?」

明るくてハイテンションな男の子だ。彼はリュウくんといって、ひとつ年下の学生だった。

『ガンズ&ローゼズ』のTシャツを着ていて、いかにもロック青年という感じがした。聞くと、自分でもバンドのボーカルをやっているのだという。そのせいか、話す言葉が今風というか、リズミカルというか、とにかく始終ノリノリなのだ。

インドで出会う旅人は、日本人に限らず、人なつっこい人が多くて気が楽だ。みんな気軽に声をかけ合い、すぐにタメぐちで話せる仲になる。なんというか、お互い「この人もインドを知ってしまった人なんだ」という共通点を相手に感じているとでもいおうか。人はある程度の日数をインドで過ごすと、頭のチャンネルがインドモードに切り替わって、大ざっぱでくだけた感じになってくる。インドで培《つちか》ったその独特の雰囲気が、旅人同士を互いに〝同志〟のような気持ちにさせるのかもしれない。

リュウくんと話していると、スズさんという日本人の男の子が宿に戻ってきて、私たちの話に加わった。スズさんは私と同じくひとりでインドに来ていて、聞いてみると、年も私と同じだという。物腰が柔らかくて感じのいい彼は、他の旅行者とはまた違って、一緒にいるだけでどこかホッとできる人だった。同い年でこんなに落ち着いた雰囲気の人もいるもんなんだなぁ。

リュウくんが私に言う。

「てるさんはさぁー、なんでインドに来たの？」

「初めはさ、ガンジス河でバタフライをやろうと思ってたんだよね」

私がそう答えると、スズさんは目を丸くした。

「えー⁉　きみ、あの河で泳いだの？」

「いや、さすがにお腹こわすんじゃないかと思って、ちょっと様子を見てるところ」

リュウくんは張り切りだし、ヤル気マンマンになっていた。

「てるさん、やるときはオレにも声かけてよ！　オレも、男になりたいっスよ」

「じゃあボクは、カメラマンでもやるかな」とスズさん。

話が盛り上がって意気投合し、私たちは夕食を一緒に食べに行くことになった。量が多いことで評判の食堂でカレーを食べ、食後の散歩がてらに夜のバラナシを散策する。土産物屋《みやげもの屋》を冷やかし、露店でフルーツを買い、夜も更けてきたところで私たちは宿に引き上げることにした。

帰る道々、私は財布の中をのぞいて、「あっ‼」と大声を出してしまった。

「あのクソオヤジぃ〜！」

私は穴が開いてボロボロになっているお札をふたりに見せた。

「うわー、これはまたひどいねぇ」とスズさんが言う。

「オレも昨日、やられちゃったよー」

リュウくんも、自分の財布から穴の開いたお札を取り出して苦笑いした。

そう、インドではなぜかボロ札が使えないのだ。仕方がないから次に買い物をするときにボロ札を混ぜてこっそり使おうとするのだが、店のオヤジにバレるとすぐにつっ返されるし、運良く気づかれなければシメたもので、店を出てからガッツポーズになる。まるでインド中でババぬき大会でもやっているような感じで、買い物ひとつするにもスリル満点なのだ。

宿に帰ってきた私たちは、テラスでガンジス河を眺めながらくつろいだ。河から吹いてくる夜風が頬《ほお》に気持ちよく、まったりとした時間が過ぎていく。いろんな国の旅人たちがボチボチ帰ってきては、テラスでのんびりと涼んでいた。なにをするでもなく、ダべっているだけで、このままとろけてしまいそうな居心地の良さだった。

◆どこにでも座り込む御牛様

お坊様との禅問答

翌朝も、日が昇る前に起きた。バラナシに来た旅行者なら一度は乗るという遊覧ボートに、私も乗ってみようと思ったのだ。

河岸まで行くと、木製の簡素な舟の手入れをしているオヤジさんがいた。舟は日本の貸しボートと同じくらいの大きさだったので、これなら私でも貸し切りにできそうな気がする。

私はオヤジさんに、宿で聞いた相場を言ってみた。

「上流から下流まで、1周、10ルピーでどう？」

渋い顔立ちのオヤジさんが言う。

「ふたり乗るなら、ひとり10ルピー。ひとりで乗るなら20ルピーだ」

私はその金額でオーケーし、珍しくそれ以上は値切らなかった。そのオヤジさんが、実にいい顔をしていたからだ。

舟に乗り込むと、彼が突然、「オォーーイ!!」と大声で誰かに合図を送った。向こうの方から、小さな影がふたつ走ってくるのが見える。ハァハァ言いながら走ってきたのは、大きな目がオヤジさんにそっくりな子どもたちだった。

私の向かいに小さな兄弟が座り、有無を言わさず相乗りになる。ゆっくりと舟が河に滑りだした。

「この子たちは、オヤジさんの息子さん？」

私が尋ねると、彼は当然だという顔で「そうだ」と答えた。

インドでは、こういうことが本当によくある。例えば、私が貸し切ったとばかり思っていたオートリキシャに、いきなり他人が乗り込んでくるなんてことが日常茶飯事なのだ。私が驚いてドライバーに「誰、この人!?」と聞くと、平然と「オレの友だちだ！」などという答えが返ってくる。乗り物は客のものではなく、どうもそれを動かしている人のものであるらしかった。

「オヤジさんは、いつもこの子たちを乗せて仕事をしてるの？」

「ああ。舟にゆとりがあるときはね」

オヤジさんは、客商売をやっているインド人では珍しく寡黙な人だった。彼はちょっと考えてから、ポツリポツリと話す。

「ワシは、この子たちにも早く一人前になってもらいたいんだ」

オヤジさんは息子たちに舟こぎの仕事を生で見せ、体で覚えさせていたのだ。この子たちは、こうやってお父さんの働いている姿をじかに見られていいなぁと思う。私は、自分の父がサラリーマンだということは知っていても、具体的にどんな仕事をしているのかまったく知らないままなのだ。

東の空に太陽が顔を出した。たくさんの人びとが、昇ってくる太陽に向かって祈りを捧げている。オヤジさんは、ヒンドゥー教徒にとってガンジス河で沐浴《もくよく》することは、何よりの喜びなのだと教えてくれた。

よく見ると、沐浴場《ガート》にいるのは祈っている人だけではなかった。子どもの体をゴシゴシ洗っているお母さんもいれば、その横で一心に歯を磨いている老人もいる。洗濯している娘さんたちの前を、水泳している兄ちゃんたちが通りすぎていく。ガンジス河は、聖なる河として崇《あが》められているだけではなく、インド人の暮らしそのものを引き受けているように思えた。ここは大衆浴場であり、洗面所であり、共同のプールでもある、庶民の生活の場なんだろう。

オヤジさんがボートをこぎながら言う。

「ガンガー（ガンジス河）は、普段はこんなふうにおだやかだが、ときには激しさも見せる。雨期には、あの堤防の上まで水位が上がるんだ」

私は泥色になって荒れ狂うガンガーの姿を思い浮かべてみた。こんなにおだやかな河にもそんなに激しい面があるということを、私はうまく想像することができなかった。

　オヤジさんの息子たちは、舟のバランスを崩すことなくおとなしく座っていた。しっかり者という感じのお兄ちゃんが、弟の肩をギュッと抱きしめている。私がふざけておかしな顔をしてみせると、ふたりはキャッキャと笑い転げ、その年頃の子どもらしい笑顔を見せた。

　私は彼らにコンパクトカメラを見せ、「写真を撮ってもいいかな？」と聞いてみた。兄弟は顔を見合わせて照れだしたが、すぐに首を横にかしげてオーケーしてくれた。

　カメラを向けると、ファインダー越しになんとも愛らしい笑顔が飛び込んでくる。きっとこの子たちもオヤジさんのようないい男になって、立派な舟こぎになるんだろうな。

「オヤジさんのことも、撮っていい？」

「ああ、構わんよ」

　彼はオールをこぐ手を止めて、私の方を見た。オヤジさんの顔からは、この国に生まれて舟こぎを生業《なりわい》としていることへの誇りが伝わってくるようだった。私のカメラの目とオヤジさんの目がいい感じでドンピシャになった瞬間、シャッターを切る。いい顔をした人を撮るのは、なんて気持ちがいいんだろう。カシャーッという音と同時に、私は体中にビビッと電流が走ったような手応えを感じていた。

◆舟こぎのオヤジさん

舟を降り、ガンジス河沿いをブラブラと歩く。疲れると日陰の石段に腰を下ろし、歩いている人たちの姿をぼんやり眺めた。

「ハーイ、ジャパニー！」

「コンニチハ、アリガトウ、サヨウナラー」

ひっきりなしに声をかけられ、怪しい商売人が次から次へと現れる。

「マダム、耳そうじはいかがです？」

「肩こってない？　マッサージはどう？」

ホントにまぁいろんな商売があるものだと感心してしまう。

「ねぇねぇ、神様の人形、買わない？　お土産にどう？」

10歳くらいの女の子が声をかけてきた。髪をふたつに結っていて、愛らしい顔立ちの子だ。

「いくら？」と試しに聞くと、１００ルピーだと言う。

「そりゃボリすぎだよ。もっと安いところで買うからいい」

私がそう言って断ると、彼女はちょっと大人びた口調になった。

「じゃあ、あなただけ特別に80ルピーにしてあげてもいいわ」

彼女と話していると、子どもの売り子がわんさか集まってきた。アクセサリーにポストカード、お菓子にジュース。売っている商品もさまざまなら、子どもの個性もいろいろだ。鼻水を垂らした子、ガキ大将みたいな子、観光客慣れしているおませな子。商売上手な子。髪をひっぱってくるいたずらっ子。あふれんばかりの生命力がみなぎっていて、みなが口々に「自分のものを買って！」と言いだすものだから、そのパワフルな営業トークに圧倒されてしまう。

子どもたちと遊んでいるうちに、だんだん夕暮れが迫ってきた。空には雲ひとつない夕焼けが広がっている。子どもたちも家へと帰りだし、私も宿に戻ることにした。

河沿いを歩いていると、大きな岩のそばでお坊さんが瞑想《めいそう》しているのが見えた。

私は初め、彼をサドゥーかと思った。インドのヒンドゥー教徒の中には、家族や財産を捨てて修行する、サドゥーと呼ばれる出家行者がいるのだ。だがサドゥーといえば着の身着のままで、伸ばしっ放しの長髪がお決まりのスタイルだというのに、その人は袈裟《けさ》のような服を身につけていて、頭はきれいに剃り上がっている。その姿に心を引きつけられた私は、彼に声をかけてみた。

「すいません、ちょっとよろしいですか？」

「はい、なんでしょう」

顔を上げたその人は、なんとも清らかな目をしていた。いったいこの人は、どこの国の人なんだろう。インド人ほど浅黒くなく、白人ほど白いわけでもない。かといって、東洋人みたいにのっぺりもしておらず、彼は彫りの深い知的な顔立ちをしていた。

「あのー、あなたはここで修行されてるんですか？」

「ええ、私の人生は修行のようなものですから」

そんな返しをされてしまうと、「あなたはどこの国の生まれで、お父さんはどこの人でお母さんはナニ人なんです？」なんて俗っぽいことを、口に出せなくなってしまった。

私が何を話していいものか迷っていると、彼の方が私に問いかけてきた。

「あなたは、何かを信じていますか？」

インドでもう、何十回と聞かれた質問だった。私はそのたびに、ブッディストだと言ってみたり、無宗教だと言ったりしていた。でも本当は、いったい何を信じているんだろう。信じるものがないなら、どうして私は困ったときに心の中で「あぁ！　神様、仏様！」などと願ったりするんだろう。なにかしらの思いはあるんだけど、うまく言葉にならなかった。

彼は、私の心の中を見透かしたように言う。

「ゆっくりと、自分自身を見つめることです。今、あなたは、私と話をしています。でも実は、自分自身とも話をしているのです。今だけではありません。どこにいようと、誰と話していようと、常にあなたは、あなた自身と話をしているのです」

まったくもって然《しか》り。なんだか言うことすべてが格言みたいな〝お坊様〟だ。

お坊様が座るように促してくれたので、私は彼の前に腰を下ろし、思いを巡らせてみた。

お坊様の言っていることが、今の私にはよく分かる気がした。旅に出てからというもの、私はずっと自分自身と向き合わされているように思う。次にどこに行くかを決め、列車やバスのチケットの手配をし、ひとりで全部決めて動いていると、自分がどうしたいのかを常に自分の胸に問いかけることになり、自分自身と向き合わざるを得なくなるのだ。そのうえ怪しい人間に付きまとわれたり、想像もしなかったハプニングがあったりと、次から次へといろんなことが起きるから、そのたびに自分の価値観を試されているような気がする。

インドに来たのは初めてだったから、目に映るもの、経験することのすべてが初めてづくしで、慣れ親しんでいるものといえば自分自身しかなかったせいもあるだろう。とにかく、どこに行こうとも「私が私であることからは逃げられない」ことを強く意識させられてしまうのだ。

そんな環境に身を置いていると、自分を見失いそうになってしまい、私は毎日、必ず日記を書くようになっていた。その日、何があってどう思ったかをつらつらと書き綴《つづ》っているうちに、自分の気持ちを整理することができたからだ。

その、私が対峙《たいじ》している自分自身は、いったいどうやって出来たんだろう。きっと、今までのいろいろが、知らず知らずのうちに私という人間を形づくってしまったのだ。「過去の私」が「今の私」を作ったということは、今の私の生き方が、おのずと「未来の私」を作ってしまうということではないか。そう考えると、なんだか一日たりとも手を抜くことができないような気がした。誰に憧れたところで、私は他の誰かになんかなれやしない。私は一生、私自身についていくしかないんだ。そう思った途端、私はとっさに大きな声で答えていた。

「アイ　ビリーブ、マイセルフ!!」

毎日、毎日、少しずつ自分を形づくっていってる私が、自分のことも信じてやれなくてどうする！　と思ったのだ。

私にとって、自分を信じているということは、家族や友だちのことを信じているということとイコールでもあった。どんなときも、私の心の支えになっているのは家族や友だちの存在であり、そんな彼らのことを信じていないわけがないのだ。家族や友だちが私を大切に思ってくれているのと同じくらい、私も彼らのことを大切に思っている。

「それと私は、私自身を信じているのと同じように、父と、母と、兄と、じいちゃんと、ばあちゃんと、友だちのことも信じています！」

こんなセリフ、普段は照れ臭くて、本人たちの前では絶対、口に出せないことだった。なのに私は自分でも不思議なくらい、お坊様には自分の素直な気持ちをさらけ出すことができた。

　お坊様は私の話を聞き終えると、おだやかな口調で言った。

「あなたが信じているものは、あなた自身の中にあり、あなたのまわりの人たちの中にも存在するということですね」

　そんなふうに、お坊様に自分の言葉を表現されると、自分がなんだかものすごく大層なことを口にしたような気がした。でも、確かにそのとおりなのだ。私は彼らの存在なしには生きていけない。いや、生きてはいけるかもしれないけど、人とかかわらない人生なんて味気なさすぎて、面白くもなんともない。一緒にごはんを食べたり、悩みを聞いてもらったり、バカ話をして笑い合ったりする、なんということもない日常を、共に分かち合える人がいるからこそ、私は毎日を飽きることなく生きていけるんだ。

　今度は私が彼に尋ねてみた。

「お坊様は、何を信じてるんですか？」

　彼は目を閉じたまま、おだやかな口調で言った。

「なんというか、私はいつも、大いなる存在を感じています。ただ、感じるのです」

　ほう、そうきますか。なんだか禅問答みたいになってきた。

　お坊様のその言葉は、私にばあちゃんのことを思い出させた。ばあちゃんは何かあるとすぐ「お天道様に申し訳ない」などという言葉を口にして、いつも太陽の存在に感謝していたからだ。わざわざ言葉にしたことはないんだけど、このところずっと私の中にあった思いがフツフツと込み上げてきた。

「お坊様の言うことは、なんとなく分かる気がします。たとえるなら、私にとって、神様は太陽のような存在なのかもしれません」

胸に湧き上がってくる思いを、身ぶり手ぶりを交えて必死に言葉にしていると、自分の考えがだんだんまとまっていくような気がした。

「太陽はまぶしすぎて、太陽そのものを直視することはできません。それに太陽は熱すぎるから、太陽そのものに触れることもできません。でも、太陽の光は目に見えるし、その存在を感じることはできます。この目で見ることはできなくても、その存在を感じることはできる、そういう自然の大いなる存在を、私も信じているような気がします」

私はそう言いながら、この数日、毎朝のように眺めている朝日の姿を心に思い浮かべていた。金色のまばゆい光を放ちながら昇ってくる、太陽の圧倒的な存在感を目の当たりにしたとき、私は時間の流れも自分自身の存在をも忘れ、まるで自分と自然が一体であるかのように感じられたのだ。

地球がその太陽のまわりを何億年もグルグルと公転しているおかげで、生き物はみな生命を育《はぐく》むことができている。そして、気が遠くなるくらい長い時間をかけて、生命がバトンタッチされ続けてきた結果が、今、私がここに存在しているということなのだ。私というちっぽけな存在ひとつに〝宇宙の神秘〟まで持ち出すのは大げさかもしれないけど、なんというか、私はそういう自然のサイクルそのものを信じているような気がした。

勢いづいた私の熱弁は止まらず、お坊様は静かにうなずきながら、私の話に耳を傾けていた。

「川や、海や、木や、花や、鳥や、動物や、山や、空や、雲、すべての自然が、私たちの生きている世界でうまい具合にバランスを取りながら成り立っている、そのサイクル自体を私は信じているんだと思います」

気がつくと日がとっぷり暮れ、辺りは薄暗く、人影もまばらになっていた。河沿いには、ところどころに白熱灯が灯《とも》っていて、そびえ立つ寺院や建物が淡い光に照らしだされている。

私はどれくらいここに座っていたんだろう。それはものすごく長い時間だったような気もしたし、あっという間だったようにも感じられた。思いのたけを全部、お坊様に聞いてもらったおかげで、心が晴々としているのが分かる。私はずっとお坊様と一緒にいたのに、なんだか自分とたくさん話をしたような気分だった。

ナマの死体と怪しい奴ら

翌日も、朝5時に目が覚めた。どんなに遅く寝ても、日の出が見たいがために、気合でガバッと起きれてしまう。テラスには、眠そうな目をしたスズさんが座っていた。昨日私が早起きして朝日を眺めていることを話したら、彼も興味を示して「自分もやってみようかな」と言っていたのだ。

彼と一緒にまだ暗い河沿いを歩き、一番大きな沐浴場《ガート》に腰を下ろす。夜明け前だというのに、ガートにはもう何十、何百というインド人が集まっていた。みなが今か今かと日の出の瞬間を待っていて、まるでお祭りのようなにぎやかさだ。

河にかかったもやが晴れ、太陽が昇り始めると、人びとがいっせいに沐浴《もくよく》を始めた。男たちは、腰巻き、フンドシ、パンツ姿と沐浴の恰好《かっこう》もさまざまだ。女は肌を露出してはいけないのか、サリーを着たまま沐浴している。

スズさんのガイドブックには、沐浴についてこう記されていた。

〈ヒンドゥー教の信仰によれば、ガンガーに体を浸して沐浴するとすべての罪が洗い流され、この地で死に、遺灰がガンガーに流されれば、輪廻《りんね》からの解脱《げだつ》ができるといわれている〉

なるほど、みんなどうりで熱心なはずだ。

その風景を眺めていると、私も無性に沐浴してみたくなってきた。

「スズさん、沐浴やらない？」

「ボクは遠慮しとくよ。荷物を見ててあげるから、やっておいでよ」

彼に荷物を預け、石段を降りていく。ガートの途中には踊り場のような場所があり、ヤシの葉で作られた大きな日傘の下に、偉そうなヒゲ面のじいさんが座っていた。じいさんがしきりに手招きしてくるので、私はその眼光に導かれて彼の前に腰を下ろした。

じいさんが何やらブツブツと唱えながら、私の目と目の間に色粉をつけ始める。

「これは目じゃ。心の目」

よく女の人がこれをつけているけど、そういう意味もあったのか。ひと通りお清めが済むと、じいさんはホイと手を差し出した。どうやらお布施《ふせ》しろということらしい。私が1ルピーを渡すと、じいさんは「ウム、よろしい」という顔でお金を受け取った。

河岸に近いガンガーの水は、間近で見ると濁っていた。おそるおそる、水に浸かってみる。水は思ったよりも冷たくてヒヤッとしていた。腰のあたりまで浸かると、水はもう冷え冷えで、夏に初めてプールに入るときの感覚を久しぶりに思い出した。

「スズさーん、冷てーよぉ！」

スズさんはいい気なもので、笑って手を振っていた。サリーを着たまま沐浴している娘さんたちも、クスクス笑って私を見ている。彼女たちに笑顔で応えつつも、体を全部浸すのをためらっていると、ビビっている私を面白がって子どもたちがバシャバシャと水をブッかけてきた。大口を開けていたものだから、私は思いきりその水を飲んでしまった。うわ、大丈夫かよ、マジで!! と思うが、いったん水を飲んでしまうと、冷たさも恐ろしさも吹っ飛んで、ようやく開き直ることができた。まぁ死ぬことはないだろう。なんといっても、こんなに大勢の人が毎日やっていることなのだ。

沐浴にトライする外国人が物珍しかったのか、まわりにいる人たちが口々にやり方を教えてくれる。好き勝手に拝んでいるように見えて、一応、基本の型があるらしいのだ。みんながやっている沐浴を、私も見様見真似でやってみることにした。

まず、半身で手前の水を両手ですくい、口の中をゆすぐ。そして、今度は両手ですくった水を、太陽に捧げるようなポーズで前方に投げる。それが終わると、みんなが「全身をガンガーに浸すんだ！」と言ってきた。思い切って頭を水につけてみると、頭の先がキーンと冷えてなかなか気持ちがいい。水から顔を上げて息をブハッと吐き出すと、まわりの人たちは手を叩いて面白がり、「それをもっと何回も!」とツッコんでくる。頭の先まで水に浸かって顔を上げるという行為を何度か繰り返し、沐浴はどうにか終了した。

全身びしょ濡れで河から上がると、待っていたスズさんがニコニコ顔で言う。

「どう?　罪は洗い流せた?」

「まぁ朝っぱらから冷水に浸かると、身がキリッと引き締まったような気はするよ」

話しているうちに、私たちは火葬場に行ってみようということになった。

河沿いを歩いていると、Tシャツはいつの間にか乾いていた。暑い国はこれだから便利だ。インドに来てからというもの、私は洗ったパンツを乾かさずにはくクセがついてしまっている。濡れたままのパンツをはくと、肌にひんやりしてなんとも気持ちがいいのだ。

30分ほど歩くと、向こうの方にいくつか煙が上がっているのが見えた。

ここに来る道々、人の火葬を興味本位で見るなんて不謹慎かと思ったりもしたけど、火葬場にはインド人がチラホラいたのでホッとした。彼らは堤防にちょこんと腰掛け、火葬場をぼんやり眺めていた。私たちも、近くの切り立った堤防に腰を下ろすことにした。ここからだと、ちょうど火葬場全体を見渡すことができる。火葬場といっても平らな空き地の数か所に丸太の薪《まき》が組んであるだけで、派手好きなインドでは珍しく、まわりに建物らしきものは何もなかった。

　青竹で作られたタンカに、赤い布で全身を覆われた遺体がのせられていた。赤い布の上には、オレンジ色の花輪がかけられている。そのタンカを遺族らしき人たちが河岸まで運び、ガンガーの水を手ですくって遺体にかけ始めた。どうやら死者に最後の沐浴をさせてあげるのが、葬式での習わしになっているようだった。

　沐浴が終わると、遺体をのせたタンカは積み上がった薪の上にのせられた。遺族らしき人がなにやら唱えながら遺体のまわりを数回まわり、薪に火がつけられる。火は徐々に燃え上がり、次第に煙がこっちの方まで押し寄せてきた。

　スズさんの話によると、自殺した人や、寿命を全《まっと》うできなかった人や、すごく貧乏な人は、火葬されることなくそのままガンジス河に流されるということだった。

　私はスズさんに言った。

「こうやって遺灰を河に流しちゃうってことは、みんな、お墓がないってことだよね？」

「そういえば、インドってお墓を見ないねぇ」

　私たちは時折、思いついたことをぽつりぽつりと口にしながら、遺体が燃えていくのを静かに眺めていた。圧倒されるわけでもなかったし、特に恐ろしいとも思わなかった。目の前で今まさに人が焼かれているというのに、自分がこの火葬風景を自然に受け入れていることの方が不思議な感じがした。

　メラメラと燃えている死体を眺めながら、私はただ、自分もいつかはこんなふうに死ぬんだなぁということばかりを考えていた。人間は死ぬからこそ、生きているような気がしてならなかった。人はなまけグセがあるから、締め切りがないと何もできないものだ。試験があるから勉強するし、試合があるから特訓する。締め切りがあるからこそ、それに間に合わせようとする。死は「肉体の締め切り」のようなものなのかもしれない。締め切りがあるということは、どんな人にも、生きている間にやるべきことがあるということなんだろうか……。

　薪についた火は、火の粉をパチパチ散らしながら燃え上がり、遺体を覆っていた布を焼き始めた。だんだん黒焦げの体があらわになってくる。顔なんかもう真っ黒で、その人が男か女かの見分けもつかなかった。遺体を焼く係の人が、まんべんなく焼けるよう遺体を棒で小突いている。遺族たちも私たちと同じように、燃え上がる遺体をただ静かに見つめていた。泣いている人の姿はなく、特に悲しそうにも見えなかった。火の勢いのせいか、遺体はときどき身悶えするようにうごめいた。もう死んでいるんだから、もちろん意思なんかないんだろうけど、身をくねらせて焼かれていくその姿は、「天寿を全うしたー！」というその人の最後の叫びのように思えた。

どれくらいそこに座っていただろう。辺りが急に騒がしくなった。少し離れた堤防で、数十人もの男のヤジと怒号が飛び交っている。いったい何が起こったんだ⁉

「私、ちょっと見てくる！」

走って現場に急行すると、人垣をすり抜け、ひとりの男が死に物狂いで逃げているのが見えた。その男を捕まえようとまわりの男たちが一致団結し、次々と猛タックルをかけている。「くそっ、逃がした」「よっしゃ、まかせろ」という感じで、即席混合チームにしてはものすごいチームワークのよさだ。彼らは束になってその男を追いかけていたが、男の足はむちゃくちゃ速かった。男が逃げていく方向に、誰かが大声で叫ぶ。

「そいつを捕まえてくれー！」

道行く人びとがその声を聞きつけ、男を捕まえにかかった。ガタイのいいオヤジがすんでのところで取り逃がし、通りがかりの若者に応援を頼んだ。オヤジからバトンタッチされた兄ちゃんらが猛烈な勢いで追っかけ、男はようやく取り押さえられた。よく見ると、男はまだ10代半ばくらいの少年だった。私は野次馬のひとりに尋ねてみた。

「いったい何があったんです？」

「金だよ、金。まったくとんでもない野郎だ」

どうやら少年は、火葬場からお金を盗んだ香典泥棒だったらしい。

親分肌のオヤジさんが、少年に大声で説教をたれている。まわりの連中もときどき「そうだ、そうだ」とツッコミを入れ、少年は申し訳なさそうにうなだれていた。インドという国は、言葉も民族も階級もバラバラだというのに、ひとたび事件が起きるとものすごい団結力を見せる。街中でケンカを見かけても、通りかかった人はほぼ全員立ち止まり、両者の言い分を聞いたりツッコんだりと真剣そのもので、決して人ごとでは済まさないのだ。

夕刻が近づいてきて、私たちは宿に戻ることにした。スズさんと連れ立って、ガンジス河沿いに延々と続いているガートを歩く。宿が河沿いにあると、道に迷うことがないのがいい。ガートをひたすら歩くと、必ず宿にたどり着けるのだ。

ガートを歩いていると、朝、ここを通ったときに河をぼんやり眺めていたおっちゃんが、まったく同じ場所で同じポーズのまましゃがんでいる姿が目に入った。日本のいわゆる〝ヤンキー座り〟だ。インドでは、この座り方で道端でダべっている男の数が異様に多いのだ。しかし、朝も夕方も同じように見かけるということは、まさかこのおっちゃん、ここにずーっと座りっぱなしだったってこと⁉

「あのぅー、おっちゃんは今日一日、ここに座ってたの？」

思わず声をかけると、彼は面倒くさそうに振り向き、「あぁ〜」とボソッと言った。

ウーン、なんだかよく分からんがスゴい。今日は彼にとって〝考えごとデー〟だったんだろうか……。おっちゃんに「写真を撮らせてもらってもいい？」と聞くと、「あぁ〜」という返事だったので、私は〝典型的なインド座り〟をカメラに収めさせてもらった。

夕暮れどきのガートには、クリケットをやっている兄ちゃんらの陽気な声が響き渡っていた。黄昏《たそがれ》が迫る頃になると、決まって胸が切なくなるのはなぜなんだろう。フンドシ姿で走り回っている子どもたち。優雅に沐浴しているじいさん。ガンガーで牛を洗っているお父さん。金色の柔らかな日差しに包まれて、人びとの姿もどこか優しげだ。

日が昇る前に起き、日が沈むと宿に帰って休むという規則正しい毎日を過ごしていると、生活の中で太陽の占める存在が日に日に大きくなっていく。人間が太陽のサイクルに合わせて生きていたのだということを、改めて感じずにはいられなかった。ふと、昨日のお坊様との会話を思い出した私は、スズさんに彼のことを尋ねてみた。

「ねぇ、あの辺りに座ってた坊主頭のお坊さんを知らない？」

「坊主頭のお坊さん？　さぁ、サドゥーだったらよく見かけるけど」

スズさんは彼を見たこともないようだった。あのお坊様は、いったいどこに行ってしまったんだろう。私はいつもこの辺りにいる人だとばかり思って、また話せるだろうと気軽に考えていたのだ。夕闇が迫り、辺りが暗くなっていくにつれ、私はいっそう切ない気持ちになってしまった。

◆一日中同じポーズでガートにしゃがんでいた男

ガンジス河でバタフライ

バラナシで過ごしているうちに、毎朝、早起きして、日の出を見るのが私の日課になった。日が昇ったのを見届けると、おめざのチャイを飲みにいく。露店で揚げたてのサモサや野菜の天ぷらをつまみ、街をほっつき歩いているうちにもう昼だ。路上の屋台か安食堂でカレーを食べ、ガンガーを眺めながらダべっていると、すぐにまた夜になる。夕食を誰かと食べようと思えば宿に帰ればよかったし、ひとりで簡単に済ませることもあった。

街には顔見知りもでき始め、言葉を交わす人の数が日に日に増えていく。とにかく何を食べてもお腹をこわすことがなかったし、好きなときに好きなだけ食べ、寝たいときに寝たいだけ寝る生活は、まさに健康そのもの。のらりくらりと日々を過ごしていると、次第に今日が何曜日かということも考えなくなってきて、私はいつまでもバラナシにいたいと思うようになっていた。

ある昼下がり、露店で私がチャイを飲んでいると、チャイ屋のオヤジさんが言った。

「今日はもう、昼メシは食べたのかい？」

「うん。あそこの角の屋台でたらふく食べて、もうお腹がいっぱいだよ」

そう言いながら私が腹をパンパーンと叩くと、オヤジさんは目を丸くして驚いた。

「アンタ、あそこで食べたの⁉　あそこは小まめに火ぃ通してないから危ねぇよ‼」などとインド人に注意されてしまうほどなのだ。私は普段から1か月前の牛乳とか2か月前の卵なんかを飲み食いしていたので、胃が丈夫になっていたんだろう。そのうえ、インドでは1食100円もしないものだから、1日5食や6食を食べるのが当然という感じになってきた。初めは腹が張ってえらく長い便秘だなぁと思っていたのだが、私はどうやら確実に太っているようだった。

そんなある日のこと。いつものように日の出を見て、ガートをブラブラ散歩していると、朝っぱらから変テコな物体をうんしょ、うんしょと持ち上げている、パンツいっちょの男がいた。なんだぁ？　あのおっさん？？？　その男がブルンブルン振り回しているのは、あの、トイレが詰まったときに活躍する〝ポコポコ〟みたいな形のモノだったのだ。

「おっちゃん、いったいここで何を⁉」

私が聞くと、ヒゲ面の男はそのポコポコを下ろし、胸の筋肉をグッと誇示して言った。

「オレは、鍛えているんだー‼」

おっちゃんが「ちょっと持ってみな」と言うので試しにポコポコを持ってみたが、どうも鉄製だったらしく、重すぎて持ち上げるなんてとてもじゃなかった。彼のハードなトレーニングは他にもメニューがたくさんあるようで、石段をものすごい勢いで駆け上がったり、100回くらい続けて腹筋したりしていた。何がおっちゃんをここまで駆り立てているのかはナゾだったが、彼は毎日同じ時間に体を鍛えていたので、太りすぎを気にしていた私はたまに顔を出し、一緒にエクササイズをやらせてもらうようになったのだった。

また別のあるとき、スズさんと街を歩いていて、映画館の大きな看板が目についた。インドは世界一映画の製作本数が多い国だということを聞いてから、私は一度インド映画を見てみたいと思っていたのだ。ちょうど映画が始まる時間だったので、私たちはその映画を見ていくことにした。

中に入ってみると、映画館は想像以上に大きくて立派だった。しかも平日の昼間だというのに、広い館内はほぼ満席なのだ。子どもたちは通路を走り回り、女たちは一か所に固まってペチャクチャとおしゃべりをしている。売り子の兄ちゃんが大声でコーラやお菓子を売りさばいていて、なんだか縁日みたいなにぎやかさだ。エアコンが効いているから、涼みがてらに来ている人もいるんだろう。一種の社交場のようなものなのかもしれない。その光景は

◆毎日ひたすら鍛えている男

まるで、話に聞いていた日本映画の黄金時代のようだった。映画好きな私は、その時代に青春を送った人たちの話を聞くたびに、うらやましく思っていたのだ。私は昔の日本にタイムスリップしたような気分になり、胸がわくわくしてきた。

映画のストーリーは、言葉は理解できなくても朝の連ドラみたいに分かりやすかった。あるとき、主人公のガタイのいい兄ちゃんは、ムチムチボディのねえちゃんに恋をしたのだが、彼女が高貴なお嬢様なので会うことさえできないでいる。兄ちゃんは彼女に想いを伝えようと計画するのだがうまくいかず、もんもんとした日々を過ごしていた、そんなある日のこと。彼がいつものように机にひじをついて、「あぁ、彼女と一度でいいからデートがしてみたいなぁ!」などと考えていると、次のシーンでは兄ちゃんとその彼女が手に手をとって、大草原を仲良く駆け出していたのだ。

おおっ!! これはまた大胆な演出。監督はこの大幅なストーリーの省略をもって、いったい何を言わんとしているのだ!? なんてことを考えているスキはこの映画にはなかった。草原にいきなり大勢のダンサーが現れたかと思うと、兄ちゃんとねえちゃんはダンサーらとともに、とても素人とは思えない激しいダンスを披露し始めたのだ。

一体全体この人たちは何者なんだ!? あっけにとられていると、場内がやけにうるさい。気がつくと、お客はみんな手拍子、足拍子で、ダンスシーンの曲を大合唱しているではないか！　スクリーンに向かってライブばりに掛け声をかけている男もいれば、立ち上がって踊り狂っている少年までいて、まるで映画館が一気にディスコに様変わりしたかのように揺れているのだ。私は映画そっちのけで、その光景にクギ付けになってしまった。

主人公たちの踊りとともに場内の盛り上がりはますます激しくなり、映画はフィナーレを迎えているようだった。これでめでたくハッピーエンドかと思いきや、画面は突然、兄ちゃんが机にうつ伏せているシーンに戻っていた。そして兄ちゃんはガバッと起きるやいなや、ひと言つぶやいたのだった。

「なーんだ、夢かぁー」

オイオイ、今のは夢かよ!!　私は思わずズッコケてしまった。呆然《ぼうぜん》としていると、スクリーンが真っ暗になって場内に明かりがつき、客がドヤドヤと席を立ち始めたではないか。えぇーっ!?　これで終わり!?　オチはいったいどこにあるんだよ、オチはっ!!

私は隣で気持ちよく寝ているスズさんを揺さぶった。

「スズさん、これ、どういうこと!?」

彼は眠そうに目をこすりつつ、辺りを見回して言った。

「あぁ休憩かな。インドの映画は3時間くらいあるから、途中で休みが入るみたいだよ」

なるほど。確かにお客はあれだけ騒ぐのだから、疲れて休憩が必要な気もする。

休憩が終わって再開すると、映画は単なるミュージカルものだと思いきや、今度はアクションムービーに様変わりしていた。主人公の兄ちゃんは晴れて彼女と両想いになったのだが、彼女よりもカーストが低いことで苦悩し、ふたりの仲を裂こうとする悪い奴らと戦いだしたのだ。兄ちゃんは次々と襲いかかる敵をアチョーと投げ飛ばし、ここぞというときにはダンサーをひきつれて踊り狂った。ラスト、見事に悪者をやっつけた兄ちゃんとねえちゃんは、50人以上のバックダンサーを従え、ゴキゲンノリノリのミュージックに乗ってきらびやかな衣装で踊りまくり、めでたくハッピーエンド。まさに〝インド人の、インド人による、インド人のための映画〟という感じで、私はインド映画のパワーに圧倒されてしまった。

インド映画を見るという楽しみも覚えた私は、バラナシでの毎日がますます快適になっていった。ある日、昼食を食べて宿に戻ってくると、ちょうどスズさんとリュウくんがテラスにいたので、私たちはガンジス河に泳ぎに行こうということになった。

河ではすでに、フンドシいっちょの少年たちが泳いでいた。リュウくんはトランクス姿になり、私はそのままの恰好《かっこう》で河の中に入っていった。Tシャツが水分を吸って重たかったけど、ガンガーで泳ぐのはなんともすがすがしい気分だ。私が、泳いでいた少年たちに得意のバタフライをしてみせると、彼らの私を見る目が、途端に羨望《せんぼう》の眼差《まなざ》しになった。

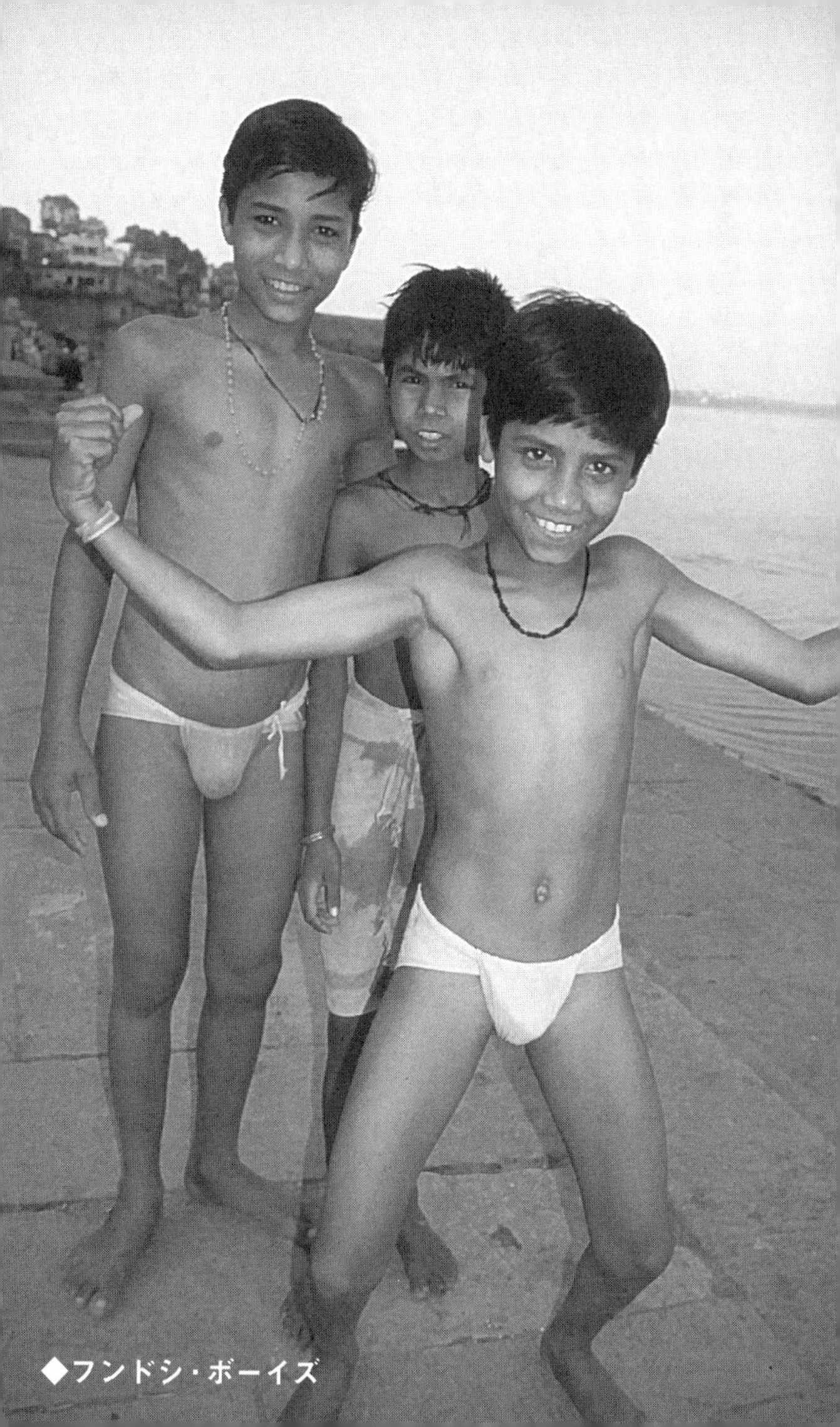

◆フンドシ・ボーイズ

「すっごいなぁ、ねえちゃん!!」

「今の、もう1回やってみせてよ!」

私はすっかり調子に乗ってしまい、バタフライで河の中心に向かって進んでいった。バタフライは速さの調節ができないから、休むことなく手を上げ下げすることになる。ゴーグルがないので目をつぶって手を振り回していたら、誰かを思い切り叩いてしまったようだ。うわ、どうもすみません、と目を開けてみると、その人はなんと水面にプカプカと浮いていたのだった。あれ? この人はいったい!? ゲゲーッ、私がブッ叩いたのは死体ではないか!!

私はもうあわてふためいてしまい、あまりの恐怖で足はつるわ、水をがぶ飲みするわで、危うく溺《おぼ》れかかってしまった。

「ちょっ、し、死体が、う、う、浮いてたっ!!」

必死に河岸まで戻って少年たちに恐怖を訴えてみたが、彼らは何を今さらという顔で平然としている。誰ひとり110番しようとする様子もなく、死体はそのまま放っておかれるようだった。インドでは、寿命を全《まっと》うできなかった人は水葬するしきたりだったことを思い出す。そりゃ聞いている分には「ヘェー」という感じだけど、実際、河ではち合わせしちゃったりすると、怖いよ、マジで!!

動揺している私をよそに、少年たちはワイワイ話しかけてくる。

「ねぇねぇ、あそこから飛び下りれる？」

見上げると、河沿いには切り立った堤防がそびえていた。水面から7、8メートルはあるだろうか。死体をブッ叩いて勢いづいてきた私は、

「フン、あんなのちょろいもんだよ！」

と言い返した。

「じゃあさ、やってみせてよ！」

だが、いざ堤防に上がって河を見下ろすと、水面まではクラクラするくらい遠く感じられた。さすがに及び腰になっていると、堤防に腰かけていた兄ちゃんたちが「ホラホラ、やっぱり怖いんだろう」などとヤジを飛ばすものだから、私はブチ切れてしまった。

「よっしゃー、大和魂ってもんを見せたるわい!!」

弾みをつけて堤防からジャンプすると、体は下に落ちていくのにフワーッと宙に浮いているような気がした。落ちていくまでの時間がやけに長く感じられて、まわりの景色にスローモーションがかかったように見える。ドボーンという大きな音を立てて勢いよく河に落ちると、私はなんともいえない快感を覚えてしまった。河で泳いでいた少年たちは歓声をあげ、まわりの兄ちゃんたちも口笛をピーピー鳴らして大受けだった。

◆インド人に大和魂をアピール中

私は来る日も来る日も、バラナシをうろついて過ごした。こんなに居心地の良い場所から動く気にはとてもなれなかったのだ。

その日も一日中、街をほっつき歩いて宿に帰ってきた私は、冷たいシャワーを浴びてベッドに横になり、天井に回るファンをぼんやり眺めていた。バラナシに来てから、かれこれ半月はたつだろうか。こんなふうにひとりの時間を過ごしていると、私はつい、このままここで暮らせたらどんなにいいだろう、などということを考え始めてしまう。それが冗談なのか本気なのかは自分でもよく分からなかったけど、帰る日のことを考えないようにしていることだけは確かだった。

この国は、いいところも悪いところも全部ひっくるめて、あまりにも魅力的すぎたのだ。人びとの生がむき出しで、色彩のコントラストが強烈で、太陽や空や河がデカくて、自分がまるで自然の一部にでもなったように感じられた。私はインドに身を置いているだけで、「自分が今、生きている」ということをリアルに実感することができたのだ。

できることならずっと、ここでのんびりしていたい。人なつっこくて気のいい人たちに囲まれて、いつまでもいつまでもこうしていたいと思う。でも、いかにのんびりしているように見えても、彼らだって日常の煩わしさから逃れられているわけではない。みんな、毎日を生きるために懸命に働いていて、彼らは彼らの人生を生きている。ここは彼らの日常であって、私の日常ではないのだ。

あの、目まぐるしい私の日常を思う。毎日、毎日、スケジュールを調整し、かかってきた電話をかけ直し、締め切り付きのレポートに追われ、「～しなければいけない」で埋めつくされた生活。友だちはみなリクルートスーツを買って、就職活動を始めている頃だろうか。どれだけ旅を引き延ばしたところで、私もいつかは日本に帰って働かなければならないのだ。でも、私の本当に帰る場所はどこなんだろう。就職活動を前に、大阪に戻るか東京に残るかで、私の心は揺れていた。

3年前、初めて東京に出てきた頃のことを思い出す。右も左も分からず、まわりは知らない人ばかりで、歩いている人がみんなカッコよく見えて、自分がこれからひとりで暮らしていけるのか不安で不安で仕方がなかった。そんな私を支えてくれたのは、いつも友だちだった。失恋してブルーになっていたときには、朝までカラオケに付き合ってくれる友だちがいた。バイトで嫌なことがあってどうしようもなく落ち込んでいたときにも、飲みに行こうと連れ出してくれた友だちがいた。初めての旅から帰ると、留守電が「ちゃんと生きて帰ってきたかー?」というメッセージで満タンになっていて、私はどれだけ嬉しかったことだろう。

あそこが私の帰る場所なのかもしれない。大切に思う人がいる場所が、私の帰る場所なのだ。ひとりぼっちで出てきた東京が、いつの間にか自分のもうひとつのふるさとになっていたことに私は気がついた。帰るところがあるのは、なんて幸せなことなんだろう。私は大阪に帰っても、東京に帰っても、みんなに「おかえり」と言ってもらえるのだ。ひとりでやって来たインドも、今ではいつの日か必ず帰ってきたい場所になっている。帰ってこようと思えば、いつでもここに帰ってこられるはずだ。

そう思ったら、ようやくバラナシを発《た》つ決心がついた。それは私にとって、この旅を終え、東京に帰って仕事を見つける決心をしたということでもあった。

帰ろう。

ときにはウンザリすることもあるけど、まだまだ捨てたもんじゃない、私のあの日常に。

翌朝、まだ薄暗いうちに宿を出て、私はガートに腰を下ろした。太陽は神々しい光でバラナシの街を照らし始め、祈りを捧げる人びとの姿を優しく包んでいる。燃えるような赤色に染まっていく朝焼けの空は、何度見ても飽きることがなかった。

日が昇るのを見届けた私は、列車のチケットを買いに鉄道予約オフィスに行くことにした。バラナシの空港は国際空港ではなく、日本に帰る飛行機に乗るためには、どこか大きな街に出る必要があったのだ。

オフィスで聞いてみると、ボンベイ行きの列車が昼前に出るということだった。大都会であるボンベイは、今回の旅の最後にふさわしい街のような気がした。どうせなら私は、バラナシとかけ離れたところに行ってしまいたかったのだ。昨日の決心が鈍らぬうちに、私は今日のボンベイ行きの列車でバラナシを発つことに決めた。

宿に帰って荷物をまとめ、スズさんやリュウくんら親しかった人に別れを告げる。

「また、急に行っちゃうんスねーっ」とリュウくんが言う。

「腹六分目にしといた方が、また帰ってこようと思う気持ちが強くなる気がしてさ」

バラナシのみんなにサヨナラしながら駅に向かって歩く。大きなリュックを背負った私を見かけて、顔見知りのラッシー屋の兄ちゃんが声をかけてきた。

「アンタ、今度はいつ来るんだい？」

「いつか、またね！」

私はいつ、とは答えられなかった。ただ、絶対帰ってくるから、とだけ強く思った。

いつも冷やかすだけだった土産物屋《みやげもの》に立ち寄ると、兄ちゃんが「ジーンズと店の商品を交換しよう」と持ちかけてきた。インドではジーンズが貴重で手に入りにくく、兄ちゃんはいつも私のジーンズを欲しがっていたのだ。

好きなものを選んでいいと言うので、私はカラフルにペイントされた神様人形の10個セットを差し出した。

「えー、そんなにかい？」

兄ちゃんがあきれて言う。こんなボロボロのジーンズ、日本だったらタダでも引き取ってくれないよと思いつつ、私は兄ちゃんにここぞとばかりにハッタリをかました。

「あったり前だよ。これは年代物で、モノがすごくいいんだよ」

「オーケー、分かったよ。今日でサヨナラだしな」

兄ちゃんは笑顔でそう言うと、神様グッズを丁寧に包んで私に渡してくれた。

私の帰る場所

ギリギリセーフでボンベイ行きの列車に間に合った。車内は相変わらずの混みようで、どの通路も人でごった返している。人混みをかき分けて席にたどり着こうとするが、私はそのうち動くのが面倒になってしまい、開きっ放しになっているドアの前にしゃがみ込んで外の景色を眺めることにした。

見慣れたバラナシの風景はすぐに途切れてしまい、目の前には見渡す限りの荒野が広がっている。いくつかの集落を通り過ぎた。そこに暮らす人びとの姿が、またたく間に後方に流れていく。馬車で農作物を運んでいる老人。水瓶《みずがめ》を頭にのせて歩く女たち。棒切れを片手に牛を放牧している少年。川で水遊びをしている素っ裸の子どもたち。彼らは私の知らない村の、知らない人たちだ。私はバラナシで出会った気持ちのいい連中のことを思い出さずにはいられなかった。あそこで過ごした日々が、この列車のスピードと一緒にグングン遠ざかっていく。もう戻ることはできないのだと思うと、胸がぎゅっと締めつけられるような切なさが込み上げてきた。

9時間かけてボンベイに着くと、日はすっかり暮れていた。客待ちのオートリキシャは1台もなく、話しかけてくるのはタクシーマンばかりだ。薄暗い電灯の下、男たちの目がギョロギョロと光っていて、私はなんだかインドに初めて着いた日と同じくらい緊張してきてしまった。

客待ちのタクシーの兄ちゃんに声をかけてみる。

「どこか、安宿がある場所を知ってる？」

「あぁ、知ってるとも。タージ・マハル・ホテルだ」

「タージ・マハル・ホテル!?　そんな高そうなホテルには泊まれないよ」

私がそう言うと、彼は口をきくのも面倒臭そうに言い放った。

「その近くに安宿があって、みんなそこに行きたがる」

「そこまでいくら？」と聞くと、彼は「メーター式だ、問題ない。カモンッ」と言って、さっさと運転席に乗り込んでしまった。

タクシーが走り出してもドライバーの兄ちゃんは愛想のかけらもなく、ずっと黙ったままだった。面倒な値段交渉もなければ他愛のないおしゃべりもなく、ドライバーはただひたすら目的地へと車を走らせる。当たり前といえば当たり前のことなんだけど、人なつっこいドライバーが多いインドでは珍しいことだったので、私には彼の態度がクールに思えて仕方がなかった。

街の中心まで来ると、大通りはものすごい交通ラッシュだった。通り沿いには西洋風の立派な建物が立ち並び、車のクラクションがけたたましく鳴り響いている。ボンベイには遊園地の乗り物みたいなオートリキシャも、カラフルな幌《ほろ》付きのサイクルリキシャも、ウシの姿さえ見当たらなかった。この街の洗練された都会的な光景は、今の私にはただトゲトゲしく映った。新しい街に降り立ったときの、あのわくわくする感じがまったく起きないのだ。

ドライバーの兄ちゃんが無愛想に言う。

「これが、タージ・マハル・ホテルだ」

窓から顔を出すと、とてつもなく大きくて立派な建物が見える。威厳があって格調高いそのホテルは、目の前のインド洋を見下ろすかのようにそびえ立っていた。夜の海は墨のように真っ黒で、静まり返っている。じっと見ていると吸い込まれそうなその暗闇は、私をますます心もとない気分にさせた。

タクシーを降りて細い道を入ると、安宿はすぐに見つかった。私はチェックインを済ませ、窓がなく薄暗いドミトリーに荷物を下ろした。方々の部屋からは、外国人バックパッカーたちの笑い声が聞こえてくる。その流暢《りゅうちょう》な英語の会話は、とても私が入っていけそうな雰囲気ではなかった。とりあえず私は、夕食を食べるために外に出ることにした。

大通りには、都会風のカフェやレストランがいくつも軒を並べていた。ガラス張りの窓に見えるのは、談笑している西欧人観光客の姿ばかりで、現地のインド人の姿はどこにもない。安食堂はもう閉まっているのか、この辺りにはないのか、こじゃれたパブ風の店しか見当らなかったので、私は仕方なくオープンテラスのレストランに入ることにした。

店の入り口には、白いパリッとしたシャツを着た洗練された恰好《かっこう》のインド人ウェイターが立っていて、窓際のテーブル席へと案内してくれた。チキンカレーをオーダーするとすることがなくなってしまい、店の中の観光客たちの姿をぼんやりと眺めた。

リゾート風の服装を身にまとった観光客たちは小金持ちそうな人ばかりで、薄汚いTシャツ姿の私とは身分が違うように感じられる。どのグループの人もみな酒を飲んでいて、歓声をあげたり大声で笑ったりしていた。自分がしゃべっていないと、人の話し声はなんてやかましく聞こえるんだろう。私はなんだか自分が外国人貸し切りのパーティーで浮いてしまった客のように思えてきた。

しばらくして運ばれてきたチキンカレーは、文句ひとつ付け難い高級な味だった。なのに、私の虚《むな》しい気分は募るばかりなのだ。濃厚な味わいのカレーが喉《のど》を通るたびに、私の舌は安食堂の水っぽいカレーの味を思い出していた。安食堂の兄ちゃんが、お代わり自由のライスをジャンジャン盛ってくれたことが懐かしく思い出される。ヘラヘラ笑いながら「この腕時計いくらぁ？」なんてことを話しかけてくる、腰巻き姿の彼らのことが無性に恋しかった。

私はインドに来て初めて、孤独を感じていた。誰ひとり知っている人がいない。話しかけてくれる人さえいなかった。私は「一人」旅をしていたのに、今まで本当の「独り」になったことが一度もなかったのだ。いつだって声をかけてくる人なつっこい連中がいて、自分が「独り」なのだということを忘れてしまっていたような気がする。

もともと長居するつもりはなかったけど、私は一日でも早く、この街から出ていきたい気分になってしまった。明日の朝いちに航空会社のオフィスに行って、一番早い便に予約を入れてしまおう。ボンベイにこれ以上いたら、バラナシで決心した「日本に帰って仕事を見つけるぞ！」という思いがしぼんでしまいそうだったのだ。

黙々と口にカレーを運んでいたそのとき、東洋人の青年がレジの方に歩いていくのが見えた。その顔立ち、雰囲気からして、彼は日本人のように思える。この人を逃したら、誰とも話すことがないまま、この旅が終わってしまうような気がした。「終わり良ければすべて良し」だというのに、このままではあまりにも寂しすぎる。彼が私の存在に気づいてくれたらなぁ！　祈るような気持ちでその姿をじっと見つめていると、思いが通じたかのように彼は振り向いて私の方を見た。私はよっぽど心細い顔で食事していたんだろう、彼は支払いを済ませて白人の友人と別れると、私のテーブルにやって来て声をかけてくれたのだった。

「コンチハー。ひとりなんだ。珍しいね」

私はちょっとドギマギしながら応えた。

「あ、どうも、こんにちはー」

こんがり焼けた肌に、彼は人なつっこい笑顔を浮かべている。私はインドで声をかけられて、これほど嬉しかったことはないくらい舞い上がってしまった。

その人はテツさんといった。キリッとした顔立ちに、肩にかかるくらいの長髪がよく似合っている。インドに来て3か月たつという彼は、この街にすっかり溶け込んでいる雰囲気だった。

彼が「どこら辺をまわってきたの？」と聞いてくれたので、私は今日までの旅を熱く語った。テツさんは人の話を聞き出すのが上手かった。彼は私の話に逐一、相槌《あいづち》を打ち、感心したり、質問したり、笑ったりしてくれる。彼と話していろといろんなことを思い出せたし、自分がものすごく有意義な旅をしてきたようにも思えた。

インドでの話をひと通り語り尽くした私は、チケットさえ取れれば明日にでも日本に帰って、就職活動を始めるつもりだと彼に話した。

「てるこちゃんはさ、日本に帰ってどういう仕事をやるつもりなの？」

旅に出てからずっと考え続けていたことだった。まだ自信がなくて人に言ったことはなかったけど、テツさんの前では不思議と素直になれた。

「私は、旅を通して世界を伝える人になれたらいいなぁと思ってるんだ。でも目的はあっても、まだその手段が分かんないんだよね。インドで映画を見たら、もともと映画が好きだし、映画関係の仕事もやってみたくなったなぁ」

「そうか、夢が叶うといいね」

彼はにっこり微笑んでそう言ってくれた。

私がテツさんに話を振っても、彼はなかなか自分のことを話そうとはしなかった。それにしてもテツさんはどうやってこんなに長い旅の費用を稼いでいるんだろう。

「テツさんは、こんなふうにずっと旅をしてるの？」

「一年の半分は海外にいるかな。日本で働いて、また旅に出るの繰り返しさ。誰にも迷惑はかけてないよ。ま、偉そうなこと言っても、結局オレは日本を捨てきれないんだけどね」

どうやら彼が自分のことを話そうとしなかったのは、放浪を続けている自分の話をすると、私の就職への熱い思いが萎《な》えるんじゃないかという配慮だったらしいことがだんだん分かってきた。

インドには確かに、もう何年も日本に帰っていない感じの旅行者が多い。帰らないと言うよりはむしろ、今さら帰っても日本では生きていけないモードの人になってしまっている、とでも言おうか。私は彼らの姿がうらやましくもあり、反面、恐ろしくもあった。だからこそ私は、日本に帰って一度は就職してみようという気になったのだ。

でも、帰るキッカケを失ってしまった人とは違い、テツさんは自分のことをよく分かっている感じがする。何より、テツさんの顔には人生を謳歌《おうか》している自信が満ちていて、よく笑い、その顔がまた実にいい笑顔なのだ。8歳年上の彼は人生の場数をふんでいる雰囲気があり、私にはやけに大人っぽく思えた。

話し込んでいるうちに閉店の時間になったので、私たちは店を出た。大通りには車も人の姿もほとんどなく、辺りは静まり返っている。街灯のオレンジ色の明かりが、店の看板や街並みを淡く照らしだしていて、その柔らかな光は私に都会の美しさを思い出させた。テツさんに出会ったおかげで、さっきまでの暗く沈んだ気持ちが嘘のように晴れているのが分かる。

海沿いの道を歩きながら彼に聞いてみた。

「明日、エアチケットの予約に行くんだけど、オフィスの場所ってどの辺か分かる？」

「今、地図を持ってないからなぁ。すぐそこだから、オレの宿に寄ってくか？」

今夜がインド最後の夜になるかもしれない。もう少しテツさんと話がしたい気分だった私は、彼の宿に寄っていくことにした。

宿はインド洋沿いの素晴らしいロケーションに立っていた。外観は相当年季が入っていたけど、中はこざっぱりとした雰囲気で、居心地が良さそうな感じの宿だ。

テツさんの部屋は海に面したシングルで、テラスには簡素なテーブルとイスが置いてあった。テラスに座って海を眺めていると、潮の香りを含んだいい風が吹き込んでくる。

テツさんは、テラスに地図とジュースを持ってきてくれたので、私たちは夜の海を眺めながら、いろんな話をした。

「オレもさ、一度は就職したんだよ。でも、なんかこう、先が見えてきちゃったんだよね。出世とか昇進とかにも、全然、興味が持てなくてさ」

なんだか分かる気がした。それは今、私が一番恐れていることでもあった。学生のときはイキイキしていた人が、就職してから急にさえなくなる例をたくさん見てきたからだ。

「今はまだ学生だから好き勝手なことが言えるけど、働いたら私も変わるのかなぁ。つまんない大人になっちゃったらどうしようって、ときどき心配になるよ」

私がそう言うと、テツさんはさらりと言ってのけた。

「学生かどうかなんて関係ないよ、〝スタディ・オブ・ライフ〟さ」

「そっか。〝学ぶ生〟だと思えば、私はずっと学生でいられるんだね！」

夜風に吹かれつつ、時間を忘れて語り合う。テツさんと話していると、自分の中にあるモヤモヤした思いがどんどん明確になっていくような気がした。

私はテツさんに言った。

「インド人が魅力的に見えるのはさ、みんな今日を生きてるからなんだよね。日本にいると、今を生きることを忘れそうになるじゃない。でも大事なのはいつも〝今〟なんだってつくづく思ったよ。未来のための今を生きるんじゃなくて、今日を毎日、楽しむことなんだなぁって」

「そうだよ。あんまり考えすぎないでさ、やりたいことをやりたいようにやればいいと思うよ。オレは今、この生活が気に入ってる。でも、明日になったら気が変わるかもしれない。仕事が楽しければ没頭するのもよし。つまんなければ趣味に走ればいい。そのときどきで、自分の人生をチョイスしていくだけだよ」

彼にそう言われて、力みすぎていた気持ちが和らいで、少し楽になったような気がした。

こういう生き方もあるんだなぁ。何も就職したからといって、人生のすべてが決まってしまうわけではないのだ。自分のこともまだよく分かってないんだから、とりあえずいろいろやってみて、これからじっくりやりたいことを探していけばいい、そう思えた。

気がつくと、夜が明けて東の空が白んでくる頃だった。漆黒の暗闇に光が射すと、目の前に広がるインド洋の大きさを初めて実感することができた。水平線がほのかな金色を帯び始めている。太陽の光を全身に感じたくて、居ても立ってもいられない気分になってきた私は、ひとりで朝の散歩に出ることにした。


早朝の空気は澄みきっていて、海から吹いてくる潮風が気持ちいい。徹夜明けのせいか、目に映るものすべてがまぶしく、新鮮に感じられる。

私は海沿いの堤防に腰掛け、太陽が昇っていくのを眺めることにした。インド洋に顔を出した朝日に、海がゆっくりと金色に染められていくさまは、息を呑むほど美しかった。

「ヘーイ、ジャパニー。オレにパスポートを売らないか？」

突然、うさん臭いオヤジが声をかけてきた。

「はぁ？　パスポート⁉　なんで私があんたにパスポートを売らなきゃなんないのよ」

いくら断っても、男はねちっこく付きまとってくる。

「いくらなら売る？　いい値段で買うよぉ」

そう言って、肩に手までかけてきたオヤジのなれなれしさに、私は完全にブチ切れてしまった。

「いいって言ってるでしょ!! 今日は、私の旅の最後の日なんだよ! 今、すっごくいい気分でインドにサヨナラしてるところだっていうのに、なんで邪魔してくんの!!」

男はちょっと驚いたようだったが、すぐにヘラヘラして言った。

「まぁさ、あんたも金は欲しいだろ? 金があれば帰らなくてもいいんだぜ」

男にしてみれば、朝っぱらから薄汚れた恰好でフラフラしていた私は、ヒッピー願望のある旅行者にでも見えたんだろう。でも私は、自分がそんなふうに見られたことがよけいに腹立たしかった。

「そりゃ私だってまだまだインドにいたいし、このまま世界一周だってしたいよ! でも私はもう帰るって決めたの!! 私自身が独立するためにも、日本に帰るの!!」

きっと私は、自分自身にも言い聞かせていたんだと思う。私は自分で自分の出す大声にのぼせてしまい、もう悔しいやら切ないやらがゴチャ混ぜになって、だんだん目頭がじわっと熱くなってきた。

「とにかく、あんたに金をもらってまで旅をしたいと思わないよ!! 私は自分の稼いだ金で必ずインドにも帰ってくるし、これからだって旅を続けるんだから!!」

私のものすごい剣幕に、さすがに男も口をつぐんだ。

私の大声を聞きつけて、近くにいた路上のチャイ売りの兄ちゃんが駆け寄ってきた。

「どうしたんだい⁉　ねえちゃん、この男に何かされたのかい⁉」

いかにも人のよさそうな感じのチャイ屋の兄ちゃんは、私の顔を見て心配げに言った。

「お金はいいからさ、良かったらチャイでも飲むかい？」

兄ちゃんのそのひと言でタガが外れてしまい、堰《せき》を切ったように涙がボタボタとこぼれてきた。徹夜明けで疲れていたし、最後の朝だと思って興奮していたせいもあるだろう。いつもだったらこんなこと笑って済ませるのにと思いながらも、私は涙を止めることができなかった。

チャイ屋の兄ちゃんが、素焼きの器に入ったチャイを差し出した。

「ヤツのおごりだってさ。まぁ飲んで、気を落ち着かせて」

私は鼻水をすすりあげながら、湯気が立ちのぼるチャイを飲んだ。熱いチャイが少しずつ、気分を和らげてくれる。ガラにもなく人前で泣いてしまった自分がなんだか恥ずかしくて、私は顔を上げることができなかった。

しばらく黙ってチャイを飲んでいると、男が私の顔をのぞき込んで言う。

「まぁ、またさ、あんたインドに来なよ」

「ウン。きっとまた来るよ。絶対、帰ってくるよ」

落ち着いてきた私がチャイの礼を言うと、男はホッとしたような顔になった。元気になった私を見て安心したのか、男は手を上げて「バーイ」と言い、その場をふらりと立ち去っていった。

日は昇り、すっかり朝になっている。通勤途中のサラリーマンたちが、足早に通り過ぎていく。海沿いの道を歩いていると、目の前に大きな石造りのインド門がそびえ立っていた。インド門前の広場では、店開きを始めている男たちの姿があった。風船を膨らませているオッちゃんもいれば、声を張り上げている靴磨きの兄ちゃんもいる。広場を横切っていたそのとき、しゃがんで豆をむいていた豆屋のオヤジさんが声をかけてきた。

「ねえちゃん、豆を食べるかい？」

オヤジさんはザルの中の豆をつかみ、私の手のひらにのせてくれた。彼の前に腰を下ろし、その豆を食べてみる。

「おいしいね。どうもありがとう」

「あぁ。豆は体にいいんだよ。ワシはこうやって豆をむきながら、1日中、豆ばっかり食べているのさ」

「そんなに豆をたくさん食べちゃうと、売る分の豆がなくなって商売にならないね」

私がそう言うと、オヤジさんは声をあげて笑った。深く刻まれたシワが、笑うとますますいい感じになる。彼の痩《や》せた体には、よけいな脂肪が一切付いていなかった。

「オヤジさんは、どうして私に話しかけたの？」

彼は豆をむく手を止め、私の目を見て言った。

「あんたが、なんていうか、話したそうな顔をしていたからさ」

胸がドキンとしてしまった。確かに私は、誰かと話がしたいと思っていたからだ。

「どうしてそんなこと分かったの⁉」

私は驚いて言った。

「そんなことくらい、お前さんの顔を見れば分かるさ」

オヤジさんには、人生を達観しているような雰囲気があった。いったい彼は何者なんだろう。英語が苦手な私は、たいてい何度も聞き直して相手の言っていることを理解するというのに、彼は明らかに私が分かりそうな英単語だけを使って話をしてくれているのだ。

「オヤジさんは、どこで英語を覚えたの？」

「ワシはな、昔、教師をしていたんだよ」

どうりで英語がうまいはずだ。その、人を諭すようなおだやかな口調。おおらかに人を包み込むような笑顔。オヤジさんは生徒の気持ちが分かる、さぞやいい先生だったんだろう。

私は彼にいろんなことを尋ねてみたくなった。

「ねぇオヤジさん。日本じゃ貧乏な私が、インドでは大金持ちなんだよ。どうして世界にはこんなに貧富の差があるの？　いろんな現実を見てもどうすることもできなくて、私はときどき自分の無力さが虚しくなるよ」

オヤジさんはフーッとため息をついて言った。

「それは難しい問題だな。物事には、ふたつの面が存在するだろう？　例えば、光と影みたいなもんさ。昼と夜。動と静。理想と現実。金持ちと貧乏。シーソーみたいなバランスで、この世界は成り立っているんだよ」

英語がうまく話せないもどかしさで、ついつい身ぶり手ぶりが大きくなる。

「でも、世界の一部の国がリッチなせいで、インドにもシワ寄せがきてるんじゃないの⁉　みんなでもっと分け合えば、みんなでもっとハッピーになれるんじゃないの⁉」

「まぁ、すべては意識の問題だとワシは思っとるよ。確かに金は便利だ。でもワシは金持ちではないが、今でも十分幸せだ。世の中には、リッチでもハッピーじゃない人間が大勢いるだろう？　自分の世界をあるがままに受け入れることだろうね」

「オレもそう思うよ！」

突然、頭上から若い男の声がした。見上げると、片足がない松葉杖の青年が立っていた。

「オレは足が1本ないけど、全然ノープロブレムさっ」

彼はそう言って、ニカーッと笑った。

見物人はその兄ちゃんだけではなかった。話に夢中になっている間に、私とオヤジさんのまわりには人だかりができていたのだ。今までにも、こんなふうに人に囲まれたことは何度かあったが、こんなに真剣な眼差《まなざ》しで大勢の人に見つめられるのは初めてのことだった。

オヤジさんは、見知らぬおっちゃんにヒンドゥー語で話しかけられていた。

「なになに？　あのおっちゃんはなんて言ってるの？」

オヤジさんが通訳してくれる。

「彼は、自分は神様にすべてをゆだねている、と言ってるんだ」

観衆の中にいた、麦わら帽子の若い兄ちゃんが話しだした。

「オレは学校に行けなかったから、子どもに教育を受けさせてやりたいと思ってるんだ」

「えぇ!?　兄ちゃん、子どもがいるの？」

私は驚いて聞き返した。

「そうさ、3人の子持ちだよ」

物売りの少年は、両手に抱えた土産物《みやげもの》を見せて茶目っ気たっぷりに言う。

「ボクは今日、これを全部売っちゃいたいや」

ヒゲをたくわえたおっちゃんが、後ろの方から大声をあげる。

「オレは、息子に早く嫁を見つけて、立派な結婚式をあげてやりたいよ！」

「息子さんはいくつ？」

私も大声で聞き返した。

「一番上は、もう24歳だ」

「えーっ、まだ早いよ」なんて私が言った途端、まわりのみんなが口々に言う。「全然、早くないよ」「インドじゃ遅すぎるくらいだ」「オレは16歳で結婚したぞ！」

私はヒゲのおっちゃんに聞いてみた。

「なんでそんなに息子さんを結婚させたいの？」

「そりゃあ家庭を持った方が、仕事に精が出るからさ！」

おっちゃんがそう言うと、まわりから拍手と歓声があがった。みんなが自分の夢について熱く語るのを聞いていると、私まで胸が熱くなってくるようだった。確かに私は、インドを離れる前に、現地の人と話がしたいと思っていたけれど、こんなに大勢の人と話すことになるとは思ってもみなかったのだ。

みんなでワイワイ盛り上がっていると、突然、人垣をかき分けて、頭にスカーフをかぶったおばちゃんが私の方にツカツカ歩いてきた。

彼女は私の前に立ちはだかると、大声をあげた。

「あなた、こんな道端でいったい何をしているの⁉」

「何って、その、みんなと話をしてたんですけど……」

彼女は、私を諭すような口調で言う。

「若い娘がたくさんの男に囲まれてるから、何事かと思ったわ。私にもあなたと同じくらいの娘がいるものだから、心配になって思わず声をかけたのよ」

お母さんの目は真剣そのものだった。

「あなた、一緒のお友だちはいないの？　まさかあなた、ひとりで旅行してるんじゃないでしょ？」

やれやれ。確かにインドでは、女がひとりで旅行するなんて考えられないことなのだ。

「友だちは宿にいるんで、ホント、私は大丈夫です」

「じゃあ一緒にその宿まで行きましょう。あなたのお友だちにも話があります」

何をどう言っても彼女は頑として動かず、私がここにいるのを許してはくれそうになかった。どうして彼女は、どこの馬の骨とも分からない私のことを、ここまで心配してくれるんだろう。その真剣な顔を見ているうち、いつの間にか私は、彼女の顔に自分の母親の顔をダブらせていた。全然似ていないというのに、彼女の顔に母を感じずにはいられなかったのだ。

私は彼女に腕を取られ、その場から半ば強引に連れ出されてしまった。

宿に戻ると、テツさんはテラスから一部始終を見ていたらしく、私を連れ帰ったお母さんに深々と謝った。

「ご心配をかけてしまって、どうもすみませんでした」

「あなたが一緒にいながら、女の子をひとりで外出させるなんて、どういうつもりなの？ ここは都会だし、何が起こるか分からないのよ！ 私が娘を持つ母親として、彼女をどれだけ心配したことか、あなたに分かって？」

お母さんはとうとうとまくしたてた。

「将来、あなた方が子どもを持ったときに、今の私の気持ちがやっと理解できると思うわ」

お母さんはすでに、私たちをカップルだと決めつけていた。インドでは、結婚していない男女が一緒の部屋にいるなんてことは、あってはならないことだからだ。お母さんはテツさんを厳しく叱っていたが、テツさんが従順にその言葉を受け入れていたので、彼女の表情はだんだんにこやかになってきた。

お母さんは、私のメモ帳に自分のアドレスを書き始めた。

「私はこの近くに住んでいるの。ふたりで遊びにきてくれたら、いつでも歓迎しますよ」

彼女はそう言って優しく微笑んだ。その顔はまるで、菩薩《ぼさつ》様かマリア様のように穏やかだった。

「どうもありがとう。インドの私のお母さん！」

お母さんが私を抱きしめ、両手で頬をなでてくれる。私はまるで自分の母親に心配をかけてしまったような気分だった。

「あなた方の良き旅を、心から祈っていますよ」

お母さんは手を振って出ていき、部屋にはテツさんと私だけになった。テツさんがしみじみと言う。

「しかし、いいお母さんだったよね。きみのこと、あんなに心配しちゃってさ」

「私もなんだかジーンとしちゃったよ。お母さんって、やっぱり偉大だね」

いつの間にか太陽は高く昇り、日差しが強くなってきていた。そろそろ航空会社のオフィスがオープンする頃だろう。テツさんと別れるのはなごり惜しかったけど、私はチケットの予約に出かけることにした。

「テツさん、いろいろありがとうね。そろそろ行くわ」

「おう。じゃあ、気をつけてな」

テツさんはものすごくいい顔で笑っていた。その顔を見ていると、私も自然と笑顔になった。彼と固い握手を交わして、私は宿を後にした。

航空会社のオフィスで聞くと、今夜の便に空きがあるということだったので、私は今日のうちにインドを発《た》つことに決めてしまった。そうしないことには、ズルズルといつまでも旅を引き延ばしてしまいそうな気がしたからだ。私は宿に戻ってチェックアウトを済ませ、夕方、空港に向かうためにタクシーに乗った。

車窓から見える空には、オレンジとピンクが混じったような色の、大きな夕焼けが広がっていた。ガラスの入っていない窓の枠に腕を置き、最後のインドを眺める。車内のスピーカーから耳慣れたインドポップスが大音量で流れてきて、私の体は自然にリズムをとっていた。

ドライバーのおっちゃんが、愛想よく話しかけてくる。

「ねえちゃん、インドはどうだった？」

「そりゃあもう、サイコーだったよ！」

私が満面の笑顔でそう答えると、おっちゃんまで嬉しそうな顔になった。

「そうかい、そりゃあ良かったなぁ!!」

えらくノリのいいおっちゃんだ。思いきり振り向いて話しかけてくるものだから、彼が口を開くたびに冷や冷やしてしまう。

「なぁ、ねえちゃんよ」

おっちゃんが上半身ごと振り向き、またしても話しかけてくる。

「チューしてくんないかなぁ、チュウー♡」

「はぁ？　チュー!?　なんで私があんたにチューなんかしなきゃなんないのよ！」

私が怒って言い返すと、おっちゃんはネコ撫で声を出して言う。

「それはさー。ねえちゃんが、とってもラブリーだからさ！」

キキーッ!!　おっちゃんが前を向いて運転しないせいで、タクシーは危うく対向車とぶつかりそうになってしまった。私は大声で叫んだ。

「ちょっと、今、マジで危なかったよ!!　お願いだから、前を見てよ、前を!!」

何をどう言っても、おっちゃんはひょっとこみたいな顔でしつこく振り向いては、私にチューをせがんでくる。なんなんだ、このタクシー!!　最後くらい、ちょっとはセンチな気分を味わわせてくれよ!!

「ねっ。インドの最後の思い出にさっ。頼むよぉ～」

「やだってば！」

「ホッペでいいからさぁ～。ねぇったら～」

「ダメったら、ダメ!!　うわ、危ないよ、ちゃんと前見て運転してよっ!!」

スケベオヤジとのせめぎ合いが続く。まったくこの国は、最後の最後まで笑わせてくれる。心底むかついているというのに、私はおっちゃんの突き出たくちびるにブハッと吹き出し、笑いが止まらなくなってしまった。

自分がこれほどインド人に親しみを感じるようになるなんて、旅するまでは思ってもみなかった。この間まで私は、インドという国は世界で一番、恐ろしい国だと思い込んでいたのだ。でもインドの食べ物がいかに日本と違おうが、宗教や習慣にどれだけ差があろうが、本当の意味で変わっている人なんてひとりもいなかった。みんな私と同じように、笑ったり、ごはんを食べたりする、同じ人間だった。彼らと私の差は、単に生まれた国が違っただけのことだと、今では思えるのだ。

どこの国も、行ってみるまでは怖く思えて仕方がない。だけど、インドでさえこうなんだから、きっとこの世にはそんなに変わった国もないし、そんなに変わっている人もいないんだろう。秘境や辺境などと呼ばれる場所でも、住んでいる人にしてみればごくごく普通にそこで暮らしているだけの話で、変わった場所だと思い込んでいるのは、そこに行ったことのない人の偏見なのに違いなかった。

私はずっと「スゴい人」になりたいと思っていたし、スゴい人になるには、何か「スゴいこと」をしなくてはいけないとも思っていた。でもこの世には、そんなにスゴい人も、そんなにエラい人もいないように思えてきた。世界中どこの国の人も「メシ食ってクソして寝る」毎日を過ごしていて、私の生活とそう変わりはない。みんな、たまたま生まれた場所で、それぞれの普通を生きているだけなのだ。

バラナシで過ごした間、毎朝のようにガンジス河に昇る太陽を前にして、私は自分自身という存在をも忘れ、大自然の一部になったように感じられていたことを思い出していた。自分がちっぽけな、取るに足らない存在だということを受け入れたことで、逆に私はもっともっと大きくなれる可能性を手に入れたような気がする。

この先、どんな道に進むことになるかは分からない。それでもいつか、「たかのてるこ」でいることが私のライフワークだと、胸を張って言えるようになれれば最高だなぁと思う。

西日がだんだん薄れていき、窓の外には夕闇が訪れていた。行き交う車のライトが、目を開けていられないほどまぶしく感じられる。

市内に向かうバスやタクシーの中には、今夜インドに着いて、胸をドキドキさせている旅行者もいるだろう。できればタクシーを引き返して、私もこのまま旅を続けていきたいくらいだったが、もちろんそんなことはしなかった。私は旅と同じくらい、自分の日常も気に入っていることに気がついたからだ。

四季折々の良さがあって、桜や花火や紅葉や正月が、毎年、毎年、律儀にやって来る日本。

生まれようと思って生まれたわけではないし、たまたま生まれた国なんだけど、今では生きてきた年月の分だけ大切な人がいる、私の唯一の帰る場所だ。

帰ったらまず、誰に電話してみようか。頭の中にはインドでのことを話したい友だちの顔が浮かんでは消え、私はもうウズウズし始めていた。

旅から帰ってくると、ちょっと気恥ずかしいくらい、自分の日常がいとおしく感じられるようになる。見慣れていたはずの看板や街並みがやけに新鮮で、道行く人のなにげない表情やしぐさが微笑ましくて、友だちに気軽に会えたり電話できたりする、当たり前のことに胸がキュンとしてしまう。

日常に戻った私はやがて、自分がこの旅に出る前の自分ではなくなったことに気がつくだろう。テレビでインドの映像を見かけると、私はこの国の人なつっこい連中のことを懐かしく思い出すに違いなかった。そして、インド料理屋で辛いカレーを食べるたびに、私の舌はインドで何十回と食べた安食堂のカレーを思い出すことになるのだ。

旅した国が増えれば増えるだけ、心の中の国境が取り払われていき、そのたびに自由になれるような気がする。

こんな最高のエンターテイメントを知ってしまった私は、帰って半年もすれば、またどこかに行きたくなってウズウズしてくるに違いない。満員電車のギューギューぶりにウンザリし、何をするにもみんな生き急いでいるのに辟易《へきえき》し、それを見てイライラしてしまう自分のことさえ嫌になってきて、「日本って、だからヤなんだよね～」などと悪態をつき始めると、次の旅に出るいい頃合いだ。

日常のいとおしさを思い出すためにも、私は日本を飛び出さずにはいられなくなるだろう。

想像もつかない出会いを求めて、幾度となく旅立つことだろう。

私の旅は、まだ始まったばかりなのだ。

おわりに

なかなか会う機会はありませんが、旅で出会った人とは今でもつながっています。

フミオさんは海外で日本語教師をした後、今は外国語教材の出版社で中国語のホームページを作っていますし、「いつか香港に住む!」と断言していたウォーリーは、めでたく香港ガールと結婚しました。ハヤさんは相変わらず飄々《ひょうひょう》としていて、職場の若い人からエキスをもらって楽しくやっているようです。通信社の記者をしている米増くんは、すでにふたりの娘さんのパパになりました。インドで出会ったスズさんは、海外協力関係の仕事であちこちの国を飛び回っています。現地で彼が撮ってくれた写真が、私の本のカバーになる日が来るなんて、夢にも思いませんでした。貴重な瞬間を切り取ってくれたスズさんに、心から感謝します。

私はといえば、今も旅を続けています。この本に書いたインドの旅から帰ってきて、30社以上の試験に落ちたのですが、どうにか就職でき、現在では有給休暇で世界を駆けるＯＬです。

ただ私は、この頃では、自分がどこにいて何をしていようと、日常も「小さな旅」だと感じられるようになってきました。

毎日は一見、単調に見えます。私も仕事で疲れ果てたときには、自分の日常が、いつもの電車に乗って出かけては帰ってくる、その繰り返しに思えてしまうことがあります。でも、本当は違う。その日の天気。そのときの気分。たまたま知らない人と言葉を交わすこともあれば、約束して人と会うこともある。当たり前のことだけど、同じ日は二度とありません。

考えてみれば、出会う人、出会う人、今度いつ会えるか分からない人ばかりです。友だちなら「まぁ、また会えるだろう」なんていうふうに油断していますが、その時のその人に会えるのは、本当に『その時』だけなのです。旅先で出会った友人とだって、「そのうちゆっくり会おうよ」なんて言いながら、月日が流れてしまったように。

人は、すべては永遠に続くものだと、心のどこかで思っています。昨日に変わらない今日があって、今日に変わらない明日があって、そうやって毎日がずっと続いていくような気がしています。

でも本当は、永遠なんてこの世にありません。人も自分自身も、変わり続けています。親や恋人や友だちとの関係だって、時を経て、少しずつ形を変えていくように、すべてはちょっとずつちょっとずつ、その変化に気づかないぐらいの速さで、変わり続けています。毎日は当然のようにやって来るから、ほっといても朝が来てほっといても夜になるから、日常の重みを時に忘れてしまいそうになるけど、本当はいつだってかけがえのない時間が絶え間なく流れていて、そんな中で私たちは生きています。胸が痛いほど、切ない時を。噛《か》みしめる間もないほど、生き急ぎながら。

私は、そのことを忘れずにいる人が好きです。実際に旅に出る出ないは関係なく、毎日のかけがえのなさを知っている人はみな、私と同じ「旅人」だと思っています。そして、私は精神が「旅人」の人としか、本当の友だちにはなれないような気さえしています。

仲良しの友だちと会って別れるとき、私は思わずワァーッと手が出て、握手してしまいます。目の前にいる、私が大好きな人に、触れたくてたまらなくなるのです。

「じゃあまったねー!」

「元気でねー!!」

お互いの姿が見えなくなるまで、思い切り手を振り合います。向かい合った駅のホームで。相手の家の玄関先で。地下鉄の改札口で。ものすごい交通量の車道で。まわりの目なんか気にしないで、毎回、毎回、派手な別れです。旅に出るようになってからというもの、今、大切にしたい思いを、『その時』にきちんと相手に伝えておかないと、気が済まなくなってきたのです。

「またねー！」と手を振り合って別れたのに、もう、会えなくなってしまう人もいます。

この本に出てくるカレー屋のマスターとは、旅から帰ってきてから親しくなり、『天竺《てんじく》屋《や》』は東京で唯一の、私の行きつけの店になりました。彼は私の旅の話を聞くのを楽しみにしてくれていたので、この10年来、旅から帰ってくると、旅の報告をしに行くのがお約束になっていました。年は彼の方が15歳上でしたが、私はまだまだずっと一緒に年を取っていけるものだとばかり思っていたのです。ところがある日、彼は仕事を終え、いつものように家に帰ろうとして自転車に乗っていて、酔っぱらい運転で信号を無視したバイクに轢《ひ》かれ、最終的には病院でとても残念なかたちで亡くなってしまいました。

ついこの間、笑顔で別れたばかりなのに、もう一生会えないだなんて！　夜中に「最近どうしてんだ〜？」なんていう電話がかかってくることもなく、旅に出ても、二度と留守電に「ちゃんと生きて帰ってきたか!?」というメッセージが入ることはありません。彼が『この世から完全にいなくなってしまった』という事実。理解はできても、納得できませんでした。

亡くなって2年がたちましたが、今だって、長い間連絡をとっていないだけのような気がしてしまうのです。

どんな人も、いつかは必ず死ぬ。みんな一緒に生まれてきたわけではないから、死ぬときだって別々だということは、当然、分かっていました。でもこんなにも早く、突然そんな日がやって来るだなんて――。彼の死は、それまで仲のいい友人や親兄弟に死なれたことのなかった私にとって、筆舌に尽くしがたい辛い経験でした。

いったい「生きる」って、なんなんだ？　どうせ死んでしまうのに、どうして人間は生きてるんだ？　10代の頃の私は、「生きる」ことの意味が分からず、「生きる」ことに意味が欲しくて、もんもんとした日々を送っていたような気がします。

旅をするようになってから、私はこんなふうに思うようになりました。

それは、「きっと『生きる』って、いろんな人と、いろんなところで、いろんな時間を共有して、思い出を作り合うことなんだろうなぁ」ということでした。

世の中にはいろんな人がいて、いろんなことがある。人生はそれに始まり、それに尽きます。

でもどうせ同じ時間を過ごすのであれば、できるだけ楽しい時間を過ごしたいということ。できるだけたくさん笑っていたいということ。それが、今のところの私の真実です。

天竺屋のマスターと最後に会ったときも（もちろん『その時』は最後になるとは思っても

いませんでしたが）、別れ際、見えなくなるまで思い切り手を振り合いました。彼が亡くなって、私は体の水分が無くなってしまうんじゃないかと思うくらい泣きましたが、お互いが「旅人」だったからこそ、満面の笑顔で別れることができたような気がしています。気がつくと、旅は私の師であり、人生観そのものになっていました。

『さよならだけが人生だ』というセリフではありませんが、旅でも人生でも出会いがつきものだから、当然、別れがセットになってついてきます。きっとどれだけ経験しても、別れにだけは慣れることができないでしょう。この先も出会いの数だけ、好きな人の数だけ、別れが来ると思うと、胸がちぎれそうなくらい切なくなります。でもだからといって、ずっと家に籠《こも》って誰とも会わずにいたら平穏無事で幸せかというと、そんなわけがありません。いつか来るであろう別れが辛くなるほど素晴らしい人に出会えたことが、本当の幸せだと私はようやく気づいたのです。

この本は、『恋する旅人〜さすらいOLインド編』という、私が自作自演したテレビの旅番組がキッカケでできました。その旅番組を見て、この本を書くことを勧めてくれた、編集者の木原いづみ氏に心から感謝します。彼女の温かく心強い支えなしには、本を出すことはできませんでした。2年もの間、私をあきらめないでくれて、本当にありがとう！　この本を世に生み出してくださった編集者の石原正康さんと、良きアドバイスをくださった滝口雅志さん。それから、「〝若気の至り〟爆発で！」という私のめちゃくちゃ抽象的なリクエストに応えて素晴らしい装丁をしてくださった神崎夢現さんにも、心からお礼申し上げます。

単行本に「これを読んでこんな旅をしてみたい！　と思ったヒト、あかん、やめとき、絶対死ぬで！」という帯をくださった島田紳助氏、「もっと遠くへ！　どこまでも行け行け！　私のてるちゃんよ、読みごたえは保証します」と推薦してくださった吉本ばなな氏にも、この場を借りてお礼を申し上げます。紳助さんほど少年の心を持った熱い大人を私は知りません。吉本さんは、彼女が元気で生きていることがすでに私の支えになっているくらい大事な人です。これからもたくさん遊んでね！

私のワガママな夢を、いつも温かい目で見守ってくださっている会社の皆さんには、感謝してもし尽くせないくらい、感謝の気持ちでいっぱいです。とりわけ、愛するテレビ部の皆さん、須永さん、真道さん、薄井くん、本当にありがとう！　あの番組を作ることができた感動を思うと、私はたとえ人生をリセットできたとしても、やっぱり東映に入りたい!!

私に「写真を撮る」というライフワークを与えてくれた、せっちゃん。いつも素晴らしい出会いを運んできてくれる、澤ちゃんに、由紀子さんに、林田さんに、正岡くん。初めに数枚書いたのを読んで「おもろい！」と勇気づけてくれた、うしお。ゲラゲラ笑って読んでくれた、酒井に、こばに、美恵ちゃんに、さゆりさん。真剣にアドバイスをくれた、ちんに、カールに、永島くんに、山田さんに、吉岡さんに、あゆさんに、ターデー。著者近影を撮ってくれた菜穂ちん。『恋する旅人』のカメラマンを引き受けてくれた高橋くん。ここに挙げきれないけれど、私といつも仲良くしてくれている友だちのみんな、本当にどうもありがとう!!

この本を読んでくれた人が、ひとりでも多く旅立ってくれることを願ってやみません。

どうかみなさん、良き旅を！

くれぐれも安全には気をつけて!!

良い出会いに恵まれることを、心の底から祈っています。

２０００年９月

たかのてるこ

文庫版あとがき

まさか、自分が本を書くようになるとは、思ってもみませんでした。

いや、ホントのことを言うと、いつか自分の旅を本にできたらいいなぁとは思っていました。初めての海外ひとり旅でこの本に書いた旅を経験し、帰りのフライトに乗ったときから、そんなふうに思っていたような気がします。

でもそれは、あくまで夢の話です。本を出したいと思いつつも、やっぱり私は書きませんでした。文章なんて書くことができるのは、文才のある人にしかできないことだと思っていたからです。

初めてのひとり旅から9年の歳月が流れ、ある日、学生時代の後輩であるマサオカを介し、編集者の木原いづみさんと一緒にお酒を飲むことになりました。マサオカの話では、彼女は私が作った自作自演のインドの旅番組を見て、私に興味を示しているとのことでした。

待ち合わせの店に行ってみると、持田香織似のコギャル風の女の子が私を待っていました。

赤茶髪でチビTシャツを着た彼女はカバンを斜めがけにしていて、小柄で華奢なこともあり、見た目はまるで中学生のようです。

　初対面の彼女は私を見るなり私の手をギュッと握りしめ、力強く言いました。

「たかのさん、本、書きましょう！　旅の本！」

「いや～、これでも一応OLだし、そんな時間、マジないんですよ。それに、しゃべんのは得意なんですけど、書くのはどうも」

　私が丁重にお断りしても、香織は一歩もひきません。

「あれだけ面白い旅をしてる人なんだから、ネタはたくさんあるはずです！」

「いやいや、私は社内報のリレー随筆を書くだけでヒーヒー言ってるような人間で、文章なんて一度も書いたことないんですってば！」

　私と彼女の間を取り持つはずのマサオカは、仕事が長引いたとかで、なかなかやってきません。そのうえ、彼女は初対面の私の前で、ときどきあくびをするのです。

「あのぅ～、木原さん、私といて、なんか退屈ですか？」

「いえ、実は今、非常に緊張していまして、私、緊張すると、あくびが出るタイプなんです！」

　なんだソレ⁉　そんなヤツ、今までひとりも会ったことないぞ。大丈夫かっ、この人⁉

考えてみれば、私のことをこんなに買ってくれている時点で、ちょっとアヤシいマニアのような気がするけど……。

そのうち、私たちは完全に酔っぱらってしまいました。

すでに香織の目は、ガンガンにすわっています。

「いーや、あ〜たなら書けるね！　しゃべりが面白い人っていうのは、客観的なところがあるんだから、てるちゃん、んなモノ書けるに決まってんじゃん！」

「でぁから〜、いづみちゃんは書けるわけないんだってば〜」

私はその頃、友人のインド料理屋のマスターを失ったばかりで、相当ブルーになっていました。ハッキリ言って、マスターのことを思っては涙を流しているような毎日で、とてもじゃないけどインドのことなんて書きたくなかったのです。気がつくと、私は思いきり泣き酒になっていました。

「ヴッヴッ、イ、インドのこと、なんて、思いだし、たく、もっ、ないし」

彼女はもらい泣きしながら、私の手を握りしめています。

「てるちゃん、マスターのためにも書こうよ。インドのことを避けてたら、マスターだってかわいそうだよ〜！」

「ヴッヴッ、ウン、書く！　書くよ！　絶対書くよ〜！」

マサオカが店に到着した頃には、私たちは泥酔しながら抱き合い、本を出す約束を固く交わしていました。あの日のことは、今でも本当に不思議です。私はまだ一行も書いていないうちから、自分は絶対本が書けるような気がしたのです。

あれから3年半。今でも文章を書くのは得意ではないけれど、書くことで自分自身が癒されていると感じるようになりました。私が勇気を振り絞って初めてのひとり旅に出なければ、彼女があくびをこらえつつ口説きに来なければ、この本が誕生しなかったことを思うと、初めの第一歩の大事さを思い知らされます。

人はきっと、自分の出すパワーのはねっかえりで生きているのでしょう。なんでも言ってみるもんだし、人の誘いには乗ってみるもんだと思わずにはいられません。自分のまわりを取り囲んでいるひとつひとつは、友達ができたり、ダーリンができるキッカケもそうですが、どれも「今度飲みに行こうね！」とか「好きだよ！」とかいう、初めのひと言や、初めの第一歩の結果だからです。

ハッキリ言って、新しいことにチャレンジするのは相当面倒だし、めちゃくちゃ勇気がいります。年を取れば取るほど、傷つくのもゴメンだし、失敗するのが恐くなってきます。

でも、どんな小さな出来事も、あとの人生にどれだけ大きく影響するか分からないくらい広がる可能性を秘めているのでしょう。

普段はつい出不精になりがちな私は、あの日のことを思い出すたびに、自分にこう言い聞かせるのです。

〝初めの第一歩、万歳!!〟

お互い、今後も良き出会いがありますように!

2002年1月24日

たかのてるこ

追伸

有給休暇で旅した映像をテレビ局に持ち込み、私自身が「旅人」と「制作」を兼任して放送してきた旅番組が、〈たかのてるこ旅シリーズ〉としてDVDになりました。

DVDの第1弾、『恋する旅人～さすらいOLインド編』（TBSにて放送／〈旅の聞き手〉はよしもとばななさん）では、就職したのち、インドを再訪した旅の模様がごらんになれます。この本の登場人物とはまたひと味違う、キャラの濃ゆ～い、愉快なインド人との出会いがてんこ盛りの旅です。映像でインドを体感したい方、私の生バタフライ姿を見てみたい方はぜひ（笑）。

また、DVD-BOXには、『銀座OL世界をゆく！①　モロッコで断食』『同②　恋するラオス』『同③　ダライ・ラマに恋して』『同④　キューバでアミーゴ』の4作品（フジテレビにて放送／〈旅の聞き手〉は島田紳助さん）に、旅の未公開シーンや、旅のこぼれ話等の映像特典がたっぷり収録されています。

行き当たりバッタリ旅を実際に見てみたい方は、一緒に映像で世界へ旅立ってください！

★DVD〈たかのてるこ旅シリーズ〉公式ホームページ
http://www.toei-video.co.jp/DVD/sp21/takanoteruko.html

『たかのてるこが旅人になるまで』

71'	2月	0歳	大阪府茨木市に生まれる。本名、高野照子。家族構成は父、母、兄が2人。
75'	4月	4歳	N幼稚園に入園。目が悪く、お遊戯がうまくできなかったのが原因で保母からイジメを受け、登園拒否になる。
76'	4月	5歳	東幼稚園に転園。赤縁メガネをかけるようになり、あだ名が『メガネザル』に。
77'	4月	6歳（小1）	茨木市立大池小学校に入学するが、1年生の1学期終了後、転校することになる。担任の先生が「たかのさんは今日でお別れです」と発表するが、目立たない子だったのでクラスメートの反応は「バイバーイ」のみで、子ども心にも傷つく。
78'	9月	〃	豊中市立寺内小学校に転入。
		7歳（小2）	ある日の給食の時間、クラスの中でドリフの志村けんのモノマネをやって笑いをとって以来、表面上はお調子者キャラに路線を変更。
79'	4月	8歳（小3）	担任が暴力教師、N村Y美になる。毎日、愛も意味もなく殴られ、極度のストレスから激しい頭痛と腹痛に悩まされるようになる。

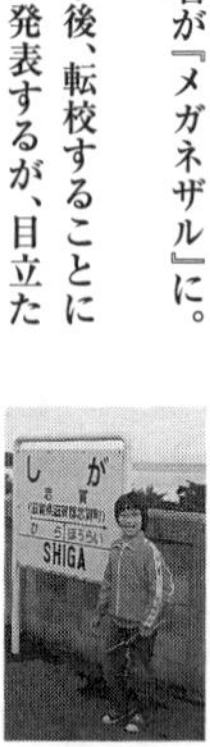

81'	4月	10歳（小5）	担任が性悪教師、O川T夫になる。やってもいない罪に問われ、廊下で一日中水いっぱいのバケツを両手に持たされ、給食抜きの刑を受けさせられる。義務教育から解放される年を指折り数えるようになり、卒業まで不眠症になる。
83'	4月	12歳（中1）	豊中市立第16中学校入学。水泳部のクラブ活動に明け暮れ、成績は中の下程度。
86'	4月	15歳（高1）	進学校の名門、大阪府立北野高校に入学するが、途端に落ちこぼれ、成績はクラスでビリ。水泳部に入部するものの、肥満体質を克服できずに伸び悩む。
	7月	〃	もはや先生が日本語を話しているとは思えないほど、授業についていけなくなる。カンニングのしまくりで、試験のたびにヒヤヒヤする日々。
87'	6月	16歳（高2）	文化祭で自主映画『淀川の若大将～さすらいのギャングたち』を制作。監督、脚本、出演、武術指導を兼任し、十三大橋から淀川へのダイビングを決行。
88'	6月	17歳（高3）	文化祭があまりに盛り上がっていなかったので、文化祭で1日限定の漫才コンビ『なにわのはにわ』を結成。講堂で笑殺漫才ショーをやったところ、他に娯楽がなかったため数千人の客が押し寄せて大受けする。

年	月	年齢	出来事
	9月	〃	水泳部を引退。進学にも就職にも興味がなかったが、上の兄の昭雄に「目的がないなら大学にでも行け！」と叱られ、東京への進学を決意。受験科目が国語と英語の2科目だった日本大学芸術学部に的を絞り、猛勉強を始める。
89'	4月	18歳（大1）	日本大学芸術学部放送学科に入学。上京し、家賃3万円のアパートでひとり暮らしを始める。
	10月	〃	『日本大学創立百周年祭』でクイズコーナーの司会を務める。司会を終えて帰ろうとしていた時、主催者に「《ミス日本大学コンテスト》に棄権者が出たので出演してくれ」と頼まれ、盛り上げ役として出場したところ、イベント会場で笑いをとり、なんと〝準ミス日本大学〟に選ばれる。後日、その事実を知った日芸中の美人から、「私も出ればよかった」とブーイングの嵐を受けるハメに。
90'	8月	19歳（大2）	日本テレビ『とんでもいい夢』に〝準ミス日本大学〟として出演。司会の島田紳助さんに「こいつのどこがミスなんじゃあー!!」とツッコまれ、大ボケのリアクションをかまして爆笑される。以後、貧乏だったこともあり、紳助さんの家で手料理を御馳走になることもしばしば。
	12月	〃	冬休みに帰省し、母の腹話術師デビューの事実を知ってガク然とする。
91'	1月	〃	紳助さんに勧められ、TBS『島田学校』に生徒として出演するようになる。
	5月	20歳（大3）	下の兄・典雄、「物書きになる」と言いだし、某放送局を辞めフリーターに転身。

	8月	〃	家族が好き勝手に生きているのに触発され、長年の夢だった海外へのひとり旅を決意。香港・シンガポール行きの格安航空券を購入し、初めてのひとり旅にでる。
92’	2月	21歳	就職活動を前に、タイ、インドをひとり旅する。
	5月	〃（大4）	知人を介し、大ファンだった吉本ばななさんと出会う。
	9月	〃	就職試験で30社以上の会社を落ちまくり、ようやく、映画会社、東映に内定。
93’	1月	〃	紳助さんに依頼され、素人として初めて、テレビ朝日系『ＣＬＵＢ紳助』にゲスト出演する。旅のエピソードを話したところ、放送後、１５０通ものファンレターが視聴者から寄せられ、今後も「旅人」として生きる覚悟を決める。
	2月	22歳	卒業旅行に、フランス、スペイン、モロッコ等をひとり旅する。
	4月	〃	東映に入社。映画の仕事に就けるのかと思いきや、イベントの部署に配属される。デパートで『セーラームーン』等のキャラクターショーを担当することになり、ときにはセーラームーンのかぶりモノを着てショーに出ることも。
	10月	〃	有給休暇を10日間とり、ペルー、ボリビアをひとり旅する。

94'	2月	23歳	有給休暇を10日間とり、ミャンマーをひとり旅する。以後、1年間に1度、有給休暇で約2週間の旅をするようになる。
96'	6月	〃	奇跡の人事移動でテレビ部に配属され、テレビの制作に携わるようになる。
	6月	25歳	深作欣二監督のドキュメンタリー『もの食う人びと』の製作で、1年かけてチェルノブイリ、ウガンダ、韓国へ取材旅行に行き、「今までにない、旅のドキュメンタリーを作ってみたい」と思うようになる。
97'	5月	26歳	吉本ばななさんに、「動く〝てるこ〟をまるごと映像にすれば、天職になるはず」と助言され、すっかりその気になって有給休暇を10日間とり、大学時代の友人、高橋くんをカメラマンとして道連れにし、インド撮影旅行を決行。
			インド旅行の素材(55時間分)を編集して自主ドキュメンタリーを制作し、いくつかのTV局に持ち込んでみるが、総スカンを食らう。
98'	9月	27歳	ようやく、インド旅行のドキュメンタリーが、TBSにて『恋する旅人～さすらいOLインド編』のタイトルで放送される。心温かい手紙やメールが100通以上寄せられ、生きてて良かったとしみじみ。
			紀行本の出版のお誘いが来るが、なかなか上手く書けないわ、二足のワラジは忙しいわで、プライベートの娯楽を削り、もがき苦しむ日々を送る。
00'	11月	29歳	紀行本『ガンジス河でバタフライ』を出版し、作家&写真家デビューを果たす。

この作品は二〇〇〇年十一月小社より刊行されたものです。

ガンジス河《がわ》でバタフライ

たかのてるこ

平成14年3月25日　初版発行
令和2年1月20日　23版発行

発行人――石原正康
編集人――菊地朱雅子
発行所――株式会社幻冬舎
〒151-0051東京都渋谷区千駄ヶ谷4-9-7
電話　03(5411)6222(営業)
03(5411)6211(編集)
振替00120-8-767643
印刷・製本―図書印刷株式会社
装丁者――高橋雅之

幻冬舎文庫

ISBN4-344-40208-1　C0195　た-16-1

幻冬舎ホームページアドレス　https://www.gentosha.co.jp/
この本に関するご意見・ご感想をメールでお寄せいただく場合は、
comment@gentosha.co.jpまで。